特别鸣谢：

中国嘉德国际拍卖有限公司
北京保利国际拍卖有限公司
北京翰海拍卖有限公司
中贸圣佳国际拍卖有限公司
北京匡时国际拍卖有限公司
西泠印社拍卖有限公司
北京荣宝拍卖有限公司
长风拍卖有限公司
北京华辰拍卖有限公司
北京诚轩拍卖有限公司
北京传是国际拍卖有限责任公司
北京永乐国际拍卖有限公司
北京歌德拍卖有限公司
北京中汉拍卖有限公司
上海朵云轩拍卖有限公司
上海泓盛拍卖有限公司
上海道明拍卖有限公司
天津市文物公司
山东天承拍卖有限公司
中国嘉德广州国际拍卖有限公司
云南典藏拍卖有限公司
台湾罗芙奥艺术集团
佳士得国际（CHRISTIE'S）
苏富比国际（SOTHEBY'S）
邦瀚斯（BOHAMS）

2011 杂项
中国艺术品拍卖年鉴
CHINESE ARTS AUCTION RECORDS

中国艺术品拍卖年鉴编委会

CPPH 中国画报出版社
CHINA PICTORIAL PUBLISHING HOUSE

图书在版编目（CIP）数据

2011 中国艺术品拍卖年鉴．杂项 / 中国艺术品拍卖年鉴编委会编．
——北京：中国画报出版社，2012.1
ISBN 978-7-5146-0352-1

Ⅰ．① 2… Ⅱ．①中… Ⅲ．①艺术－作品－拍卖－中国－年鉴 Ⅳ．① F724.787-54

中国版本图书馆 CIP 数据核字（2011）第 281673 号

2011中国艺术品拍卖年鉴 · 杂项 CHINESE ARTS AUCTION RECORDS

出 版 人：田 辉
编 著：中国艺术品拍卖年鉴编委会
责任编辑：卓娜
出版发行：中国画报出版社
（北京市海淀区车公庄西路 33 号，邮编：100048）
电 话：010-88417359（总编室兼传真）010-68469781（发行部）
010-88417417（发行部传真）
网 址：//www.zghbcbs.com
电子邮箱：cpph1985@126.com
海外总代理：中国国际图书贸易集团有限公司
印 刷：北京画中画印刷有限公司
开 本：889×1194 毫米 1/16
印 章：17.25
版 次：2012 年 4 月第一版 2012 年 4 月第一次印刷
书 号：ISBN 978-7-5146-0352-1
定 价：128 元

古董杂项行情全面开花
犀角铜炉文玩价格狂飙

余 虹

随着大量资金涌入艺术品市场，以中国书画、瓷器为代表的各类艺术品均行情飙高，品类繁多的杂项工艺品在大量私人收藏专拍的推动下，上演了一场又一场令人目不暇接的大戏。

就杂项工艺品板块而言，2010年的表现尤为突出的，首先是私人专拍的数量、总成交额、单件拍品的成交价格均创历年之最；其次是拍卖的地域范围超过往年，纽约、伦敦、巴黎、中国香港、中国内地均有中国工艺品创高价；再就是犀角器、铜炉、象牙器、珐琅器、铜镜、砚台等行情走高，形成了独立的专场，这无疑会对收藏价值的取向产生重要影响。

有行家评价，2010年是中国古董价格跳跃式发展的一年，无论是所谓的宫廷御制工艺品，还是民间文人色彩浓郁的各类文玩，或者各种材质珍稀的工艺品，均在这一年里释放出了所具有的价值。

值得记忆的专拍样本

回顾2010年拍卖市场，产生较大影响的专拍大致有以下一些：

香港苏富比：水松石山房藏珍玩、名家收藏中国鼻烟壶、Stephen Markbreiter伉俪重要明代御制鎏金佛珍藏、重要私人清宫御制工艺珍藏；

香港佳士得：普孟斐文房清玩珍藏、赛克勒艺术珍藏、思源堂中国古代青铜器珍藏、松竹堂珍藏——重要犀角雕刻（II）、放山居御制珍品、舒思深伉俪珍藏宫廷御制艺术精品；

中国嘉德：家青制器、宫廷陈设掐丝珐琅、翦淞阁文房清供、书斋雅器、紫玉金砂、明清书斋雅玩、明式黄花梨家具精品、瞻麓斋旧藏、稻房藏镜；

北京翰海：陈国恩珍藏重要明代佛像、汲珍斋清供雅玩、玉微山馆琅石轩古董珍藏、华郦馆珍藏犀角专场；

北京匡时：宋元明古琴、胡若思藏古琴、静悟堂藏紫砂名品、王世襄藏铜炉；

北京华辰：荷香书屋拾珍——张宗宪先生收藏、日本私人收藏古砚；

北京保利：世家珍藏历代古琴、私家藏文房雅玩、亚洲私家重要犀角器收藏、“清斋”藏茗壶雅玩；

还有古天一的宽以居藏文房珍玩、香港邦瀚斯的“玛丽及庄智博Mary & George Bloch鼻烟壶珍藏”等等。

有的公司杂项工艺品专场的数量甚至几乎占到了每季拍卖的半数，尤以西泠拍卖为代表，该公司经过对文玩杂项领域的多年持续开拓，目前此类拍品的上拍数量俨然占据了内地市场的半壁江山。

上述专拍门类广泛，至少涉及到青铜器、青铜镜、佛像、铜炉、珐琅器、古琴、家具、竹木牙角雕刻、供石、料器、鼻烟壶、紫砂、砚台等等，且各类拍品均有创纪录拍品出现，产生较大市场影响的有青铜器、铜炉、珐琅器、犀角、象牙、料器、紫砂等门类藏品，尤以犀角、铜炉表现突出。

古代铜器爆冷

2010 年秋拍古代铜器爆冷，早期青铜器、青铜镜、佛像、珐琅器、铜炉行情均飙高，思源堂何安达旧藏的中国古代青铜器专拍是近十年来最重要的一场拍卖，收获 2075.1 万美元，5 件价超百万美元，重树了青铜器的国际影响。

近年来渐入佳境的铜镜，2010 年也行情炫目。思源堂旧藏的唐代花瓣形龙纹铜镜拍出 33.85 万美元后，中国嘉德秋拍的铜镜专拍亦不逊色，209 件铜镜仅流拍 11 件，4 件铜镜成交价超过 200 万元，其中两方铜镜成交价打破思源堂唐镜创造的纪录：唐代海兽葡萄镜 341.6 万元，唐代“练形神冶”瑞兽团花镜 324.8 万元。

明清铜器 2010 年受到了收藏者的追捧，铜炉、珐琅器、铜钟表全线飘红，珐琅器还创造了亿元神话。在北京匡时王世襄 20 件旧藏铜炉专拍的推动下，内地铜炉市场行情大涨。此次拍卖异常火爆，吸引了全国各地的收藏大腕，20 件藏品成交总额高达 9844.8 万元，是 2003 年 1100 万元成交额的近 9 倍，3 件铜炉创造了超千万元的高价纪录。其中明崇祯“崇祯壬午冬月青来监造”冲天耳金片三足炉，12 月 4 日拍出了铜炉交易的最高纪录——1512 万元。相较 2003 年首次交易的 166.1 万元，7 年间增值幅度超过 8 倍。

尽管这件铜炉在当下算不上是特别珍罕的艺术品，其价格也排不上中国艺术品高价排行榜，但这样的艺术品才真真实实地反映了文物艺术品的魅力所在——这件铜炉无疑是一件具有历史文物、艺术、工艺价值的精品，它最早的收藏者赵汝珍先生是民国时期北京收藏名家，1951 年 3 月 31 日赵将此炉赠与王世襄，王先生收藏、研究长达 53 年，收入《锦灰堆》、《长物志》等著作，与王先生所藏其他铜炉均被收藏界视为铜炉收藏的标准器。

像这件铜炉一样同时具有高增值空间和收藏价值的艺术品，在 2010 年的拍场上不胜枚举。

创制于元代的珐琅器，清代雍乾时期工艺成熟，宫廷御制器在两岸三地几位著名收藏家的推动下，行情逐年走高，2010 年单件品的成交价突破亿元大关。春拍时珐琅器的热拍迹象已现端倪——香港苏富比推出的清雍正御制金胎画珐琅浅绿地《丹凤呈祥图》盖壶拍到了 4098 万港元；另一件清乾隆铜胎画北京珐琅《富贵万寿图》三层提匣以 2754 万港元拍出。中国嘉德春拍推出以张宗宪藏品为主的珐琅器专场拍卖，在业内引起轰动。下半年香港佳士得秋拍，19 世纪英国富豪阿尔弗雷特・莫里森放山居旧藏的一对清雍正御制掐丝珐琅双鹤香炉拍出了 12946 万港元的天价。北京华辰秋拍的一对清乾隆铜鎏金掐丝珐琅太平有象以 3192 万元拍出，北京保利的清乾隆御制铜鎏金珐琅嵌宝石、料西洋式座钟估价 800 万至 1200 万元，结果以 4928 万元易手。

经历了两年时间的沉淀，佛教艺术品的行情明显回升。春拍一尊明宣德御制鎏金铜无量寿佛坐像在香港佳士得拍出了 7010 万港元，这也是自 2006 年秋斯比尔曼旧藏专拍后，金铜佛像创造的第二高价。明代永宣宫廷造像集明代造像之大成，历来备受收藏者追捧，能否收藏到这一时期的典型佛像精品，被当前佛像收藏界看作是衡量私人收藏规模大小、优劣的重要参照。

随后北京翰海的“明心见性——陈国恩珍藏重要明代佛像”，巴黎佳士得的荷兰藏家 H.J.Da Silva 的藏品拍卖，香港苏富比“明心菩提——Stephen Markbreiter 伉俪重要明代御制鎏金佛珍藏”等专场，更加丰富了 2010 年佛像艺术品拍卖的内涵。单就价格方面来看，不仅永宣金铜佛像精品的价格重回千万元级别，乾隆佛像价格也逼近 2000 万元。Stephen Markbreiter 伉俪旧藏的明永乐鎏金铜如意轮观世音菩萨坐像以 2754 万港元拍出。

北京翰海秋拍的“清皇气度——清代宫廷模式藏传佛教造像”，20件拍品成交18件，成交额达7346.08万元，4件价超千万元，清康熙大成就者嘎巴拉1792万元，清乾隆黄财宝天王1545.6万元，清康熙无量寿佛1344万元；“行愿之缘——金铜佛像”145件，成交率79.31%，成交额7752.53万元。该公司春秋两季佛教艺术品的总成额超过2.5亿元，继续保持着全球范围内此项拍卖的头牌地位。

高古佛像、汉传佛像的价格走高，逐渐形成与藏传佛像以及明清宫廷造像并驾齐驱的格局。中低档藏品成交率的提升，引导收藏者将视角放宽到各种不同地域、不同材质的造像上，在高价品、私人收藏专拍的不断催生下，拓宽了佛教艺品的收藏视野和边界，更推进了市场细分。永宣宫廷造像成交价再次攀升，将进一步夯实市场的价格体系。而私人收藏专拍所呈现出来的专业性、学术性，以及收藏家鲜明的审美情趣、个性风格，对提升佛教艺术品的整体收藏水平起到了重要的指引作用。

家具、古琴全线飘红

中国嘉德春拍，14件田家青设计制作的硬木家具拍出了2056.32万元，反映了当前硬木家具的收藏行情：硬木家具不分新老，只要设计、做工精巧，都会受到收藏者的追捧。专拍中6件家具成交价超过百万元，圆裹腿大架几画案拍出了453.6万元的高价。由此我们也找到了明清古典家具价格持续走高的间接因素。

秋拍的明式黄花梨家具精品专场，被嘉德视为“迄今为止国内最大规模的明式黄花梨家具的专场拍卖”，60件家具拍品均为明代早期至清代中期古典家具鼎盛时期制作，三分之一以上的拍品著录传承清晰，有的曾是美国加州古典家具博物馆旧藏，“品种覆盖面广，涵盖黄花梨家具的所有分类，包括椅凳类、桌案类、柜架类、床榻类和文房类。”60件成交额达21935.98万元，为历年家具专拍之最，4件价超千万元，明代黄花梨簇云纹马蹄腿六柱式架子床980万元起拍后，竞价次数达36次，拍出了4312万元，创黄花梨家具拍卖的新纪录。在当日的宫廷专场中，一对清乾隆黄花梨龙纹大四件柜也以3976万元易手。

清代紫檀家具也行情不俗，4件拍品成交价超过千万元。香港苏富比春拍，清18世纪御制紫檀木雕“梅花图”束腰条桌以1858万港元拍出，秋拍时清乾隆紫檀六柱架子床以2306万港元成交；北京保利秋拍，著名京剧大师荀慧生“小留香馆”旧藏清乾隆紫檀雕云龙纹罗汉床以2576万元易主，海外藏家旧藏的清乾隆御制紫檀雕云龙纹宝座以7168万元拍出。

古琴这两年在中国嘉德、北京匡时、北京保利的推动下，行情日渐稳定。2010年古琴上拍的数量高于2009年，北宋宋徽宗御制清乾隆御铭的“松石间意”琴更拍到13664万元。北京匡时春秋两场古琴专场16床全部成交，总成交额5689.6万元，平均每床355.6万元。王世襄旧藏宋代朱晦翁藏仲尼式琴以1120万元易手，相比2003年220万元的价格，升值超过4倍。

文玩工艺品的文化价值日渐显露

竹木牙角、鼻烟壶、供石、砚台等文人味较浓的工艺品门类，随着行情的走高，不少均已独立成专拍，如犀角、鼻烟壶、供石、砚台等。2010年年初纽约佳士得普孟斐文房清玩珍藏专拍之后，文人文玩行情高涨，各地上拍的规模、数量以及影响甚至超过了长期占主流地位的皇室御制文玩。水松石山房、松竹堂、翦淞阁、瞻麓斋、华郦馆、汲珍斋、静悟堂、荷香书屋、清斋等著名收藏家的文玩专拍，为拍场平增添了一分清雅的文化内涵。

文人文玩明代中期兴盛后，明清两代以及民国时期，均是一个重要的收藏门类。清代皇室推崇汉文化，对各类文玩更是情有独钟，清三代特别是乾隆时期形成了具有浓郁宫廷风格的皇室文玩。受华人市场崇尚“宫廷御制”收藏理念的影响，各类御制文玩近几年价格狂飙，一方御用御题砚、一把御制竹木雕如意等 “小玩意” 成交价动辄就在千万元以上——香港苏富比春拍，一件乾隆时御制的竹黄九如灵芝图如意拍出了1578万港元，这一行情是文人文玩长期不能与之相比的。

内地拍卖兴起后，北京翰海长期致力于文玩的推介，对内地文人文玩的收藏、拍卖起到了重要的推动作用。2010年龚心钊瞻麓斋旧藏的一批文玩品的出现，改变了文人文玩卖不过皇家文玩的格局。中国嘉德春拍“翦淞阁——文房清供”专场45件文玩悉数成交，报收8400万元，成交均价超过186万元，创文人文玩专拍的成交额之最、平均单件成交价之最。

3月25日，纽约佳士得推出的美国普孟斐珍藏的158件文房清玩，包括明清两代的犀角雕、象牙雕、竹雕等工艺品和文人画作，成交率达七成，收获1386.05万美元，创中国明清文玩专拍总成交额之最。其中，23件拍品成交价超过百万元，犀角制品成交情况最佳，22件成交犀角器中15件超百万元。

受此利好影响，两个月后，美国华人收藏家霍满棠“松竹堂珍藏——重要犀角雕刻（II）”在香港拍卖，引起了华人收藏家的激烈竞争。拍品全部成交，6件拍品价超百万美元，价格最高的两件皆以3986万港币易主。

犀角器的升温，带动了象牙雕行情。在中国市场上历年成交价超过百万元的40余件象牙雕中，仅2010年就占20件以上。普孟斐旧藏专拍中象牙雕达46件，对象牙雕的行情刺激不小。11月9日伦敦佳士得秋拍，一对18世纪御制题诗象牙碗估价60万至80万英镑，最后竟以228.125万英镑（约合人民币2982.36万元）的高价拍出，创造了中国象牙雕艺术品的全球纪录。12月9日，北京古天一推出“宽以居藏文房珍玩”象牙艺术品专场，69件作品更爆出了6628万元的成交额，一件明代的象牙雕观音像竟拍出了1792万元！

“玛丽及庄智博鼻烟壶珍藏”在香港邦瀚斯的两场专拍，续写了近年来李公伟、美国藏家玛丽（Meriem）鼻烟壶专拍之后的行情。春拍141件悉数成交，拍出6600万港元，清乾隆御制“乾隆年制”款铜胎珐琅彩西洋母子鼻烟壶以928万港元创造了鼻烟壶拍卖史上的最高价格。秋拍155件亦全部拍出，成交额5400万港元，景德镇制“乾隆年制”篆款瓷胎画珐琅葫芦形鼻烟壶以838.4万港元拍出，清宫御制玻璃胎画珐琅开光莲花鼻烟壶以900万港元拍出。玛丽、庄智博收藏有1700多件鼻烟壶，多数是中国鼻烟壶鼎盛期作品，2010年4月庄智博在香港逝世后，玛丽决定将藏品在5年内分10次上拍。拍卖吸引了世界诸多的鼻烟壶收藏家以及古董行家参加，内地不少藏家参与竞拍，说明内地收藏家群体对鼻烟壶收藏的认知程度有了进一步提升。

美国旧金山地产商沃尔特•舒思深、菲莉丝夫妇的宫廷御制艺术精品专拍是2010年香港佳士得秋拍的亮点，专场集中了这对夫妇珍藏的71件中国清宫料器、瓷器、玉器精品，共拍出62件，成交额超过2亿港元。其中54件唐代以来的料器备受瞩目，仅流拍5件，是所知拍场上最重要的一场收藏传承清晰的中国料器拍卖，16件料器成交价超过百万港币，清乾隆御制宝石红料龙纹凤首执壶估价400万 600万港元，拍至1858万港元。在此之前，不乏高价料器拍出，就整体上拍的规模、水准来看，此场拍卖无疑地位显著。有行家指出：“料器长期以来都没有受到收藏者应有的重视，从两岸故宫的收藏情况看，清代宫廷料器的制作水平达到了封建社会的顶峰，各种器型咸备，舒思深收藏的这件执壶是所知价格最高的料器。”

各类工艺品价格的上涨，也说明参与文物艺术品收藏投资的群体在急速扩大。新介入的收藏者更看重尚处在上升通道中的品类，在中国书画、瓷器、玉器等传统收藏大项的高价比照下，犀角、象牙、家具、铜器等工艺品门类显然尚存在不同程度的价值低估，正是这种估值差距，给他们提供了丰富的想象空间。

1815 清乾隆 乾隆帝御宝题诗白玉圆玺

尺寸：高 4.5cm

估价：咨询价

成交价：HKD95,860,000

2010-4-8 香港苏富比

2103 清乾隆 乾隆帝御宝交龙钮白玉玺

尺寸：边长 12.9cm

估价：HKD25,000,000-30,000,000

成交价：HKD121,620,000

2010-10-7 香港苏富比

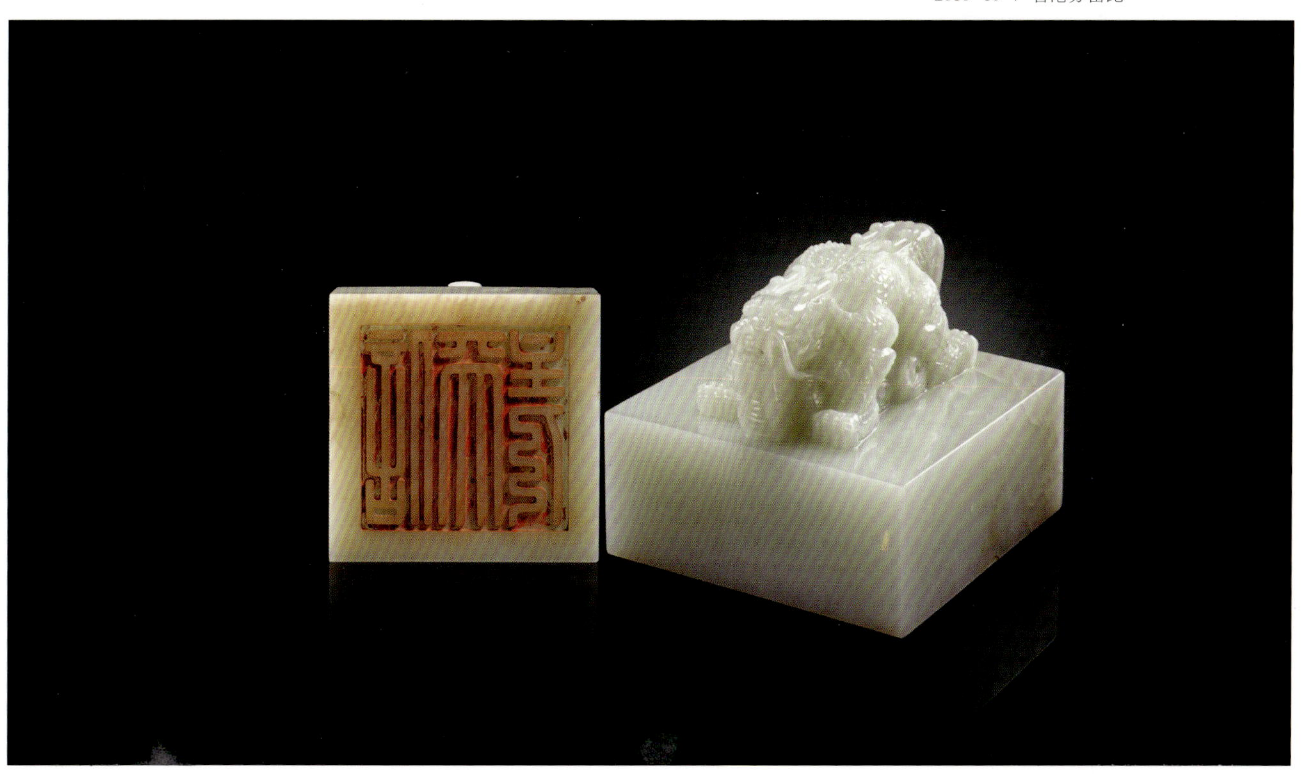

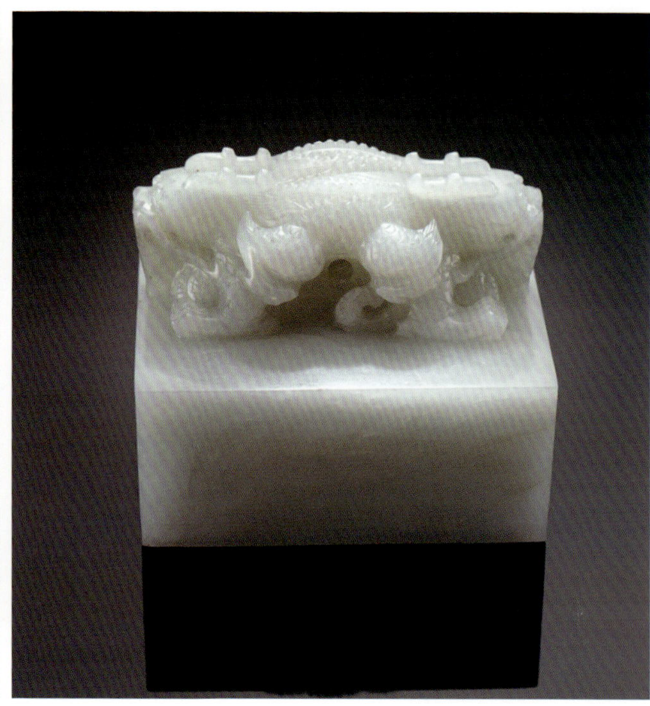

4151 清乾隆 御制白玉交龙钮“自强不息”宝玺
印文：自强不息
尺寸：7.5×7.5cm
估价：咨询价
成交价：RMB56,560,000
2010-6-4 北京保利

0895 清乾隆 和阗青玉交龙钮“古稀天子之宝”玺
尺寸：10×10×13cm
估价：RMB5,000,000-8,000,000
成交价：RMB5,488,000
2010-6-22 北京长风

2303 清乾隆 青玉“虚衷澄照”雕马纽小玺

尺寸：1.8×1.8×2.3cm

估价：RMB1,500,000-2,500,000

成交价：RMB2,464,000

2010-11-21 中国嘉德

2302 清乾隆 寿山石“观书为乐”狮纽小玺

尺寸：2.1×2.1×3cm

估价：RMB1,800,000-2,800,000

成交价：RMB2,912,000

2010-11-21 中国嘉德

4740 清雍正 白芙蓉龙纽大玺
印文：皇十三子和硕怡亲王章
尺寸：宽 8cm
估价：RMB1,200,000–1,800,000
成交价：RMB2,016,000
2010–12–5 北京保利

4741 清嘉庆 白芙蓉浮雕双龙捧寿纹嘉庆御题“昭仁殿”玺
尺寸：宽 6cm
估价：RMB1,200,000–2,200,000
成交价：RMB2,240,000
2010–12–5 北京保利

4737 清嘉庆 白玉“周甲延禧之宝”宝玺
尺寸：长 3cm
估价：RMB1,500,000–2,000,000
成交价：RMB3,136,000
2010–12–5 北京保利

2102 清嘉庆 嘉庆帝御制交龙钮翡翠玺（二方）

尺寸：宽 7cm

估价：HKD8,000,000-12,000,000

成交价：HKD79,060,000

2010-10-7 香港苏富比

4559 清乾隆 御制紫檀雕云龙纹宝座

尺寸：宝座长 137cm、宽 95cm、高 127cm；脚踏长 93cm、宽 38cm、高 15cm

估价：咨询价

成交价：RMB71,680,000

2010-12-5 北京保利

4555 清康熙 铜鎏金交龙纽“南吕”编钟

尺寸：高 30cm

估价：RMB6,800,000-9,800,000

成交价：RMB9,408,000

2010-12-5 北京保利

3105 清乾隆 御制南吕镈钟

尺寸：高 53.5cm

估价：RMB1,500,000-2,000,000

成交价：RMB1,568,000

2010-12-12 北京翰海

1176 18–19世纪 御制雕漆剔红《群仙祝寿》图座屏（一对）

尺寸：235×122cm×2

估价：RMB10,000,000–12,000,000

成交价：RMB22,400,000

2010-6-6 匡时国际

1907 清乾隆 碧玉夔龙纹兽耳衔环狮钮盖瓶
尺寸：高 38.2cm
估价：估价待询
成交价：RMB16,576,000
2010-6-6 北京翰海

3039 清乾隆 御制碧玉雕《马远四皓图》山子
尺寸：宽 80cm
估价：HKD5,000,000–8,000,000
成交价：HKD56,660,000
2010–12–1 香港佳士得

2331 清乾隆 御制十六罗汉赞玉册（八开）
尺寸：9×6cm
估价：RMB12,000,000–15,000,000
成交价：RMB19,040,000
2010–12–11 北京翰海

0120 清乾隆 御制白玉雕如意常青松枝瑞鼠纹笔筒

尺寸：高 15cm

估价：RMB20,000,000–22,000,000

成交价：RMB25,200,000

2010-12-4 匡时国际

1605 清乾隆 黄玉御制"天下为本"仿汉出廓璧
尺寸：高 9.8cm
估价：RMB2,000,000-3,000,000
成交价：RMB14,560,000
2010-6-6 北京翰海

4181 清光绪 御制翡翠九狮盖炉
尺寸：高 16cm
估价：咨询价
成交价：RMB15,680,000
2010-6-4 北京保利

4146 清乾隆 “乾隆御用”御题诗澄泥伏虎砚及紫檀盖盒

尺寸：长 14.5cm

估价：RMB5,000,000–8,000,000

成交价：RMB14,000,000

2010–6–4 北京保利

0728 清光绪 御用银鎏金镶宝石寿字纹寿耳杯

“廉升”款

尺寸：通耳长 15cm

估价：RMB120,000–150,000

成交价：RMB1,512,000

2010–5–18 北京永乐

4681 清乾隆 御制铜鎏金珐琅嵌宝石、料西洋式座钟
尺寸：高 85cm
估价：RMB8,000,000-12,000,000
成交价：RMB49,280,000
2010-12-5 北京保利

2612 明万历 御制缠枝金执壶
尺寸：长 28cm
估价：HKD20,000,000-40,000,000
成交价：HKD32,020,000
2010-10-8 香港苏富比

0618 清雍正 雍正皇帝御用象牙席
尺寸：192×91.5cm
估价：RMB800,000-1,000,000
成交价：RMB1,075,200
2010-5-18 北京永乐

986 北魏龙门石窟 灰石菩萨头像
尺寸：高 30.2cm
估价：USD20,000-30,000
成交价：USD158,500
2010-9-16 纽约佳士得

2843 9世纪 宝冠释迦牟尼
尺寸：高 26cm
估价：RMB3,000,000-3,800,000
成交价：RMB5,712,000
2010-12-12 北京翰海

2842 9世纪 无量寿佛
尺寸：高 19cm
估价：RMB480,000-550,000
成交价：RMB918,400
2010-12-12 北京翰海

2702 9世纪 释迦牟尼说法像
尺寸：高 17.4cm
估价：RMB400,000-500,000
成交价：RMB1,254,400
2010-6-7 北京翰海

2699 11世纪 莲花手观音
尺寸：高 47.5cm
估价：RMB1,300,000-1,600,000
成交价：RMB9,968,000
2010-6-7 北京翰海

0725 辽 释迦牟尼
尺寸：高 16cm
估价：RMB600,000-600,000
成交价：RMB660,000
2010-5-24 天津文物

2840 11世纪 莲花手观音

尺寸：高 46cm

估价：RMB5,500,000-6,500,000

成交价：RMB9,856,000

2010-12-12 北京翰海

2697 12世纪 释迦牟尼授记像

尺寸：高 50cm

估价：RMB280,000-300,000

成交价：RMB728,000

2010-6-7 北京翰海

2807 宋 大理国鎏金菩萨像

尺寸：高 17.4cm

估价：RMB1,200,000-1,800,000

成交价：RMB1,568,000

2010-7-6 杭州西泠

2834 12世纪 同侍从绿度母
尺寸：高 15cm
估价：RMB800,000–1,000,000
成交价：RMB1,008,000
2010-12-12 北京翰海

1957 宋 木雕彩绘水月观音像
尺寸：高 156cm
估价：HKD5,800,000–6,500,000
成交价：HKD10,180,000
2010-5-31 香港佳士得

0727 宋 木雕彩绘观音菩萨头像
尺寸：高 58cm
估价：RMB800,000–800,000
成交价：RMB880,000
2010-5-24 天津文物

2705 宋 藏西古格铜释迦牟尼佛坐像
尺寸：高 12.2cm
估价：RMB1,200,000–1,800,000
成交价：RMB4,088,000
2010–5–16 中国嘉德

2837 13 世纪 释迦牟尼
尺寸：高 45cm
估价：RMB900,000–1,500,000
成交价：RMB1,344,000
2010–12–12 北京翰海

2821 元 黄铜嵌红铜白银阿弥陀佛像
尺寸：高 44cm
估价：RMB600,000–800,000
成交价：RMB784,000
2010–7–17 中贸圣佳

2687 14世纪 释迦牟尼
尺寸：高 39.5cm
估价：RMB850,000-950,000
成交价：RMB952,000
2010-6-7 北京翰海

1302 13-14世纪 铜鎏金宝冠佛
尺寸：高 42cm
估价：RMB3,000,000-3,500,000
成交价：RMB3,472,000
2010-6-6 匡时国际

2688 14世纪 自在文殊
尺寸：高 33cm
估价：RMB500,000-600,000
成交价：RMB873,600
2010-6-7 北京翰海

1309 14世纪 铜鎏金十一面观音
尺寸：高 43cm
估价：RMB1,200,000–1,500,000
成交价：RMB1,680,000
2010–6–6 匡时国际

2689 14世纪 莲花手菩萨
尺寸：高 15.6cm
估价：RMB380,000–450,000
成交价：RMB560,000
2010–6–7 北京翰海

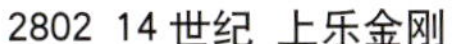

2802 14世纪 上乐金刚
尺寸：高 29cm
估价：RMB1,200,000–1,500,000
成交价：RMB1,344,000
2010–12–12 北京翰海

2797 14世纪 宝冠释迦牟尼

尺寸：高 75.5cm

估价：RMB4,000,000–5,000,000

成交价：RMB10,640,000

2010–12–12 北京翰海

2143 明永乐 鎏金铜如意轮观世音菩萨坐像
“大明永乐年施”款
尺寸：高 21.1cm
估价：HKD10,000,000-15,000,000
成交价：HKD27,540,000
2010-10-7 香港苏富比

2442 明 “大明永乐年施”观音

“大明永乐年施”款

尺寸：高 23.6cm

估价：RMB1,000,000–1,500,000

成交价：RMB1,680,000

2010–7–6 杭州西泠

4367 明永乐 铜鎏金尊胜佛母

“大明永乐年施”款

尺寸：高 18.5cm

估价：RMB1,600,000–2,600,000

成交价：RMB6,496,000

2010–6–4 北京保利

2668 明永乐 无量寿佛

“大明永乐年施”款

尺寸：高 25cm

估价：RMB1,200,000-1,500,000

成交价：RMB4,256,000

2010-6-7 北京翰海

4582 明永乐 铜鎏金供养菩萨立像

“大明永乐年施”款

尺寸：高 19.5cm

估价：RMB1,200,000-1,800,000

成交价：RMB2,912,000

2010-12-5 北京保利

4368 明宣德 铜鎏金释迦像

“大明宣德年施”款

尺寸：高 28cm

估价：RMB3,800,000–5,800,000

成交价：RMB4,704,000

2010–6–4 北京保利

2669 明宣德 金刚萨埵

“大明宣德年施”、“大清乾隆年敬装”款

尺寸：高 26.5cm

估价：RMB600,000–800,000

成交价：RMB3,304,000

2010–6–7 北京翰海

1961 明宣德 御制鎏金铜无量寿佛坐像

“大明宣德年施”款

尺寸：高 57.1cm

估价：咨询价

成交价：HKD70,100,000

2010-5-31 香港佳士得

2145 明宣德 鎏金铜观世音菩萨坐像

“大明宣德年施”款

尺寸：高 26cm

估价：HKD7,000,000–9,000,000

成交价：HKD11,300,000

2010–10–7 香港苏富比

2762 15世纪 阿氏多尊者

尺寸：高 20.5cm

估价：RMB700,000–780,000

成交价：RMB918,400

2010–12–12 北京翰海

2721 明成化 观音菩萨

“大明成化年施”款

尺寸：高 27.5cm

估价：RMB400,000–500,000

成交价：RMB3,080,000

2010–6–7 北京翰海

2812 15世纪 文殊菩萨

尺寸：高 37.5cm

估价：RMB700,000–800,000

成交价：RMB784,000

2010–12–12 北京翰海

2801 15世纪 金刚总持
尺寸：高 46cm
估价：RMB1,600,000–2,200,000
成交价：RMB2,128,000
2010–12–12 北京翰海

2788 15世纪 弥勒佛
尺寸：高 43cm
估价：RMB880,000–1,000,000
成交价：RMB1,792,000
2010–12–12 北京翰海

2653 15世纪 大鹏金翅鸟
尺寸：高 60cm；宽 60cm
估价：RMB800,000–900,000
成交价：RMB952,000
2010–6–7 北京翰海

2737 明代 大肚弥勒佛
尺寸：高 46cm
估价：RMB1,200,000-1,500,000
成交价：RMB1,680,000
2010-6-7 北京翰海

2735 明代 释迦牟尼
尺寸：高 64cm
估价：RMB1,200,000-1,500,000
成交价：RMB1,680,000
2010-6-7 北京翰海

2834 明 铜鎏金不动明王像
尺寸：高 27cm
估价：RMB3,000,000-3,500,000
成交价：RMB3,360,000
2010-7-17 中贸圣佳

2831 明 铜鎏金宝冠释迦牟尼佛像

尺寸：高 37.5cm

估价：RMB800,000-1,000,000

成交价：RMB896,000

2010-7-17 中贸圣佳

2845 明 铜释迦牟尼佛像

尺寸：高 38.5cm

估价：RMB1,500,000-1,800,000

成交价：RMB2,016,000

2010-7-17 中贸圣佳

3040 明 铜鎏金六臂观音

尺寸：高 40cm

估价：RMB1,000,000-1,500,000

成交价：RMB1,120,000

2010-11-22 中国嘉德

2847 明 铜鎏金普贤菩萨像

尺寸：高 37cm

估价：RMB450,000-550,000

成交价：RMB616,000

2010-7-17 中贸圣佳

2677 明代 观音菩萨
尺寸：高 66.5cm
估价：RMB300,000-380,000
成交价：RMB649,600
2010-6-7 北京翰海

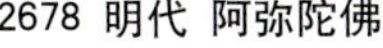

2678 明代 阿弥陀佛
尺寸：高 91cm
估价：RMB280,000-350,000
成交价：RMB2,128,000
2010-6-7 北京翰海

2682 明代 观音菩萨
尺寸：高 103cm
估价：RMB580,000-650,000
成交价：RMB672,000
2010-6-7 北京翰海

2723 明代 自在观音
尺寸：高 35cm
估价：RMB1,300,000–1,500,000
成交价：RMB1,792,000
2010–6–7 北京翰海

2726 明代 观音菩萨
尺寸：高 65cm
估价：RMB5,000,000–6,000,000
成交价：RMB9,576,000
2010–6–7 北京翰海

2722 明代 千手观音
尺寸：高 27cm
估价：RMB600,000–700,000
成交价：RMB784,000
2010–6–7 北京翰海

2818 明代 狮吼观音菩萨坐像

尺寸：高 135cm

估价：RMB1,500,000-1,800,000

成交价：RMB1,568,000

2010-12-12 北京翰海

2729 明代 观音立像

尺寸：高 86cm

估价：RMB2,500,000-2,800,000

成交价：RMB3,360,000

2010-6-7 北京翰海

2811 明代 药师佛

尺寸：高 86cm

估价：RMB1,200,000-1,500,000

成交价：RMB1,848,000

2010-12-12 北京翰海

2813 明代 千手观音
尺寸：高 67cm
估价：RMB2,800,000-3,500,000
成交价：RMB5,376,000
2010-12-12 北京翰海

2733 明代 托塔天王
尺寸：高 55cm
估价：RMB800,000-1,000,000
成交价：RMB1,120,000
2010-6-7 北京翰海

2794 明代 大成就者萨拉哈巴
尺寸：高 21cm
估价：RMB100,000-120,000
成交价：RMB1,792,000
2010-12-12 北京翰海

2732 明代 韦驮菩萨立像
尺寸：高 120cm
估价：RMB1,200,000－1,500,000
成交价：RMB2,464,000
2010-6-7 北京翰海

2647 16 世纪 喜饶丹巴上师
尺寸：高 39cm
估价：RMB1,000,000－1,200,000
成交价：RMB1,680,000

2010-6-7 北京翰海

2438 清乾隆 纯金阿閦佛
尺寸：长 23.8cm；宽 19cm；高 7cm
估价：RMB350,000－500,000
成交价：RMB1,008,000
2010-7-6 杭州西泠

2853 清康熙 无量寿佛
尺寸：高 41.2cm
估价：咨询价
成交价：RMB13,440,000
2010-12-12 北京翰海

2865 清康熙 绿度母
尺寸：高 61cm
估价：RMB6,500,000–7,500,000
成交价：RMB11,200,000
2010–12–12 北京翰海

2867 清康熙 大成就者嘎巴拉

尺寸：高 72.5cm

估价：咨询价

成交价：RMB17,920,000

2010-12-12 北京翰海

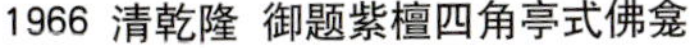

1966 清乾隆 御题紫檀四角亭式佛龛

尺寸：高 80cm

估价：HKD3,000,000–5,000,000

成交价：HKD3,140,000

2010-5-31 香港佳士得

2115 清乾隆 铜鎏金背光白玉立佛像

尺寸：高 38cm

估价：RMB5,000,000–8,000,000

成交价：RMB6,160,000

2010-11-20 中国嘉德

4607 清乾隆 银鎏金嵌宝石佛塔（一对）
“大清乾隆年造”款
尺寸：高 86cm
估价：RMB3,800,000–5,800,000
成交价：RMB5,600,000
2010–12–5 北京保利

4373 清乾隆 铜鎏金十八臂观音及掐丝珐琅花梨木佛龛
“大清乾隆年制”款
尺寸：高 86cm
估价：RMB2,000,000–3,000,000
成交价：RMB2,912,000
2010–6–4 北京保利

0034 清乾隆 珐琅彩佛塔（一对）

尺寸：96×72×142cm

估价：咨询价

成交价：RMB29,680,000

2010-12-12 南京正大

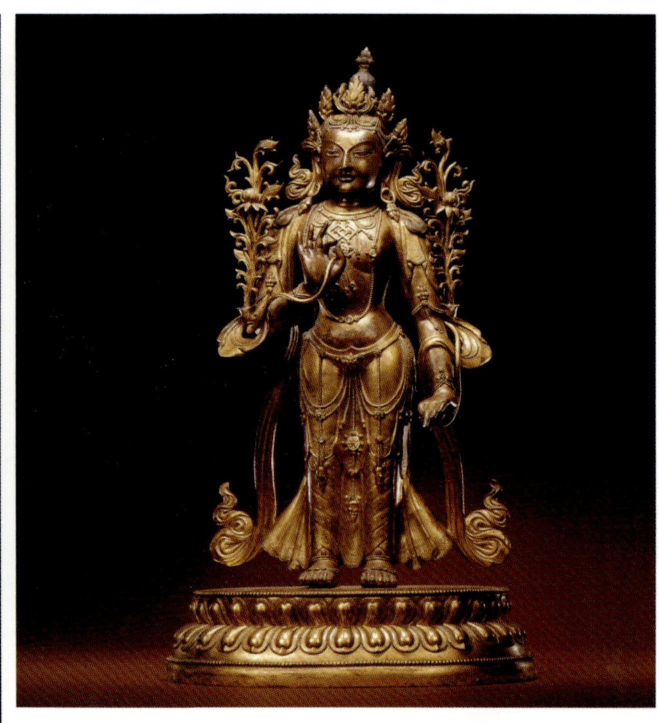

2621 清乾隆 千手观音
尺寸：高 67cm
估价：RMB2,500,000–2,800,000
成交价：RMB3,360,000
2010–6–7 北京翰海

2753 清乾隆 观音菩萨
尺寸：高 51.5cm
估价：RMB1,300,000–1,600,000
成交价：RMB1,568,000
2010–12–12 北京翰海

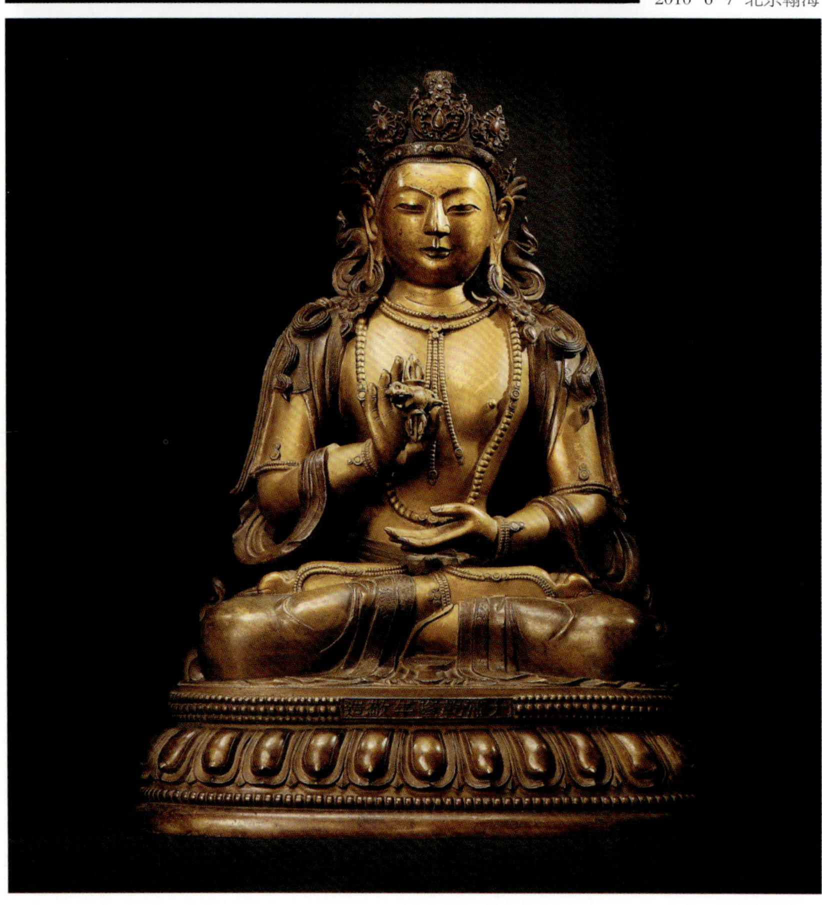

2620 清乾隆 成就佛
“大清乾隆年敬造”款
尺寸：高 37.2cm
估价：RMB600,000–700,000
成交价：RMB7,616,000
2010–6–7 北京翰海

2857 清乾隆 黄财宝天王
尺寸：高 46.5cm
估价：RMB5,000,000-6,000,000
成交价：RMB15,456,000
2010-12-12 北京翰海

2856 清乾隆 旃檀佛
尺寸：高 82.8cm
估价：RMB2,200,000-2,400,000
成交价：RMB2,576,000
2010-12-12 北京翰海

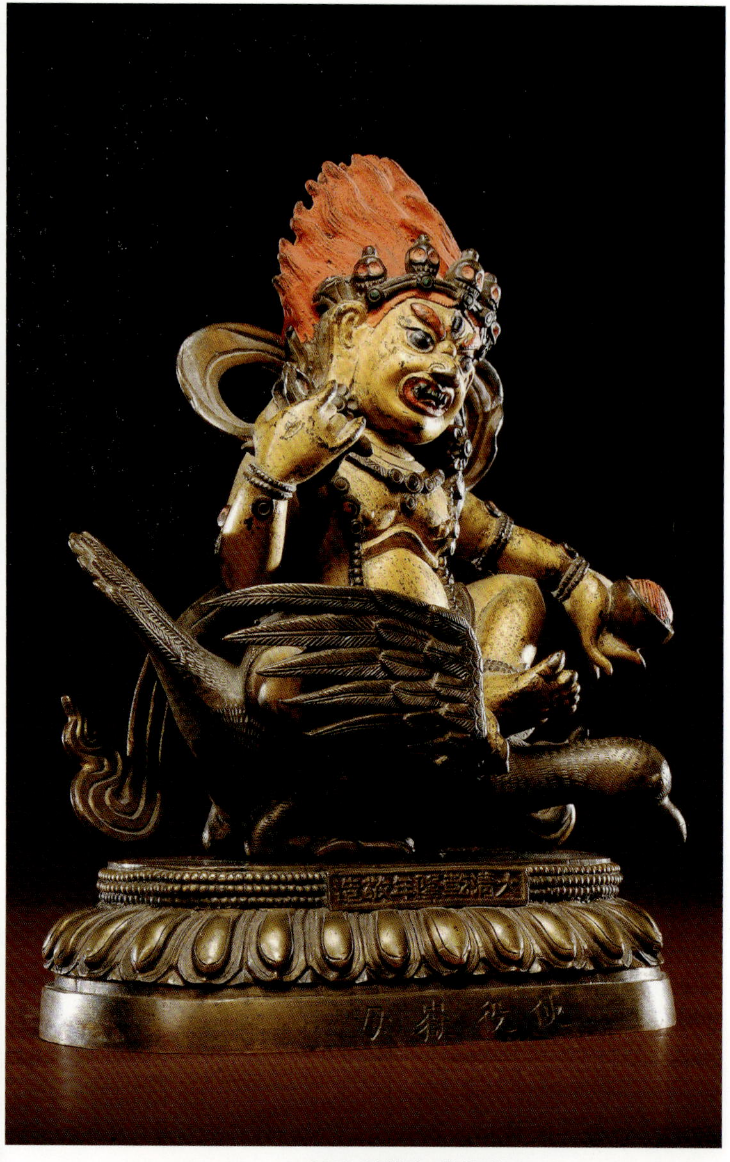

2862 清乾隆 使役岳母
款识：大清乾隆年敬造、使役岳母、无上阳体根本
尺寸：高 14cm
估价：RMB380,000-480,000
成交价：RMB2,800,000
2010-12-12 北京翰海

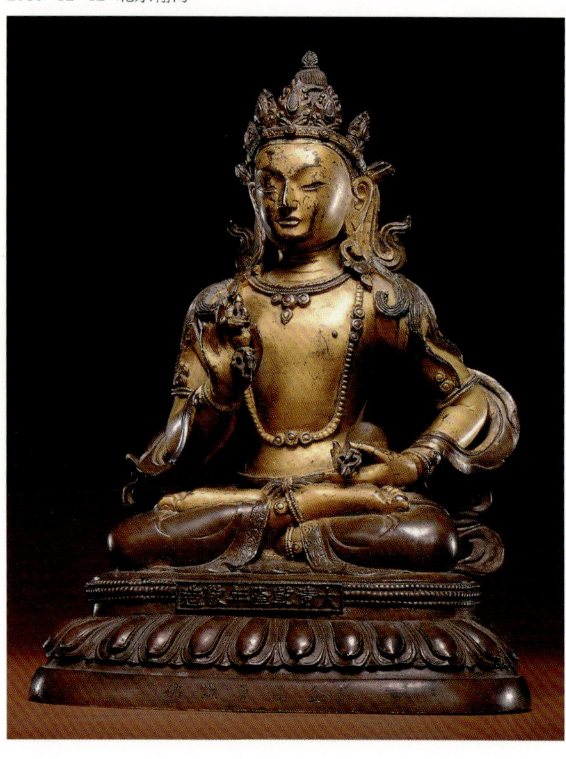

2861 清乾隆 金刚勇识佛
款识：大清乾隆年敬造、金刚勇识佛、瑜珈根本
尺寸：高 19.2cm
估价：RMB300,000-400,000
成交价：RMB2,240,000
2010-12-12 北京翰海

2863 清乾隆 持网佛母

款识：大清乾隆年敬造、持网佛母、无上阴体根本

尺寸：高 16.2cm

估价：RMB350,000−450,000

成交价：RMB896,000

2010−12−12 北京翰海

2868 清乾隆 宗喀巴

尺寸：高 40cm

估价：RMB2,500,000−2,800,000

成交价：RMB3,136,000

2010−12−12 北京翰海

2715 18 世纪 阿閦佛

尺寸：高 50.8cm

估价：RMB800,000−900,000

成交价：RMB1,288,000

2010−12−12 北京翰海

3104 清乾隆 铜錾蕉叶螭龙钮梵文法铃

尺寸：高 22.4cm

估价：RMB150,000－250,000

成交价：RMB1,008,000

2010－12－12 北京翰海

3049 清乾隆 御制银白度母

尺寸：高 42cm

估价：RMB5,000,000－6,000,000

成交价：RMB7,168,000

2010－11－22 中国嘉德

0997 18 世纪 大持金刚

尺寸：高 33cm

估价：RMB180,000－180,000

成交价：RMB1,760,000

2010－11－21 天津文物

2835 清 铜鎏金十一面观音像
尺寸：高 48cm
估价：RMB600,000-800,000
成交价：RMB896,000
2010-7-17 中贸圣佳

2729 18 世纪 净土观音及其明妃圣救度母双身像
尺寸：高 37cm
估价：RMB1,200,000-1,500,000
成交价：RMB1,008,000
2010-12-12 北京翰海

0871 清 纯金七世达赖
尺寸：高 11.8cm
估价：RMB600,000-800,000
成交价：RMB784,000
2011-1-20 北京长风

0743 清 观音

“玉堂石叟”篆书款

尺寸：高 100cm

估价：RMB600,000–600,000

成交价：RMB968,000

2010–5–24 天津文物

2720 明代 和合二仙

尺寸：高 20cm

估价：RMB780,000–880,000

成交价：RMB896,000

2010–6–7 北京翰海

1039 明 铜鎏金文官像（一对）

尺寸：高 74.3cm

估价：RMB2,000,000–3,000,000

成交价：RMB2,240,000

2010–5–15 北京华辰

2628 19世纪 摩耶夫人
尺寸：高 99cm
估价：RMB5,500,000-6,500,000
成交价：RMB11,200,000
2010-6-7 北京翰海

3065 明永乐 缂丝释迦牟尼佛坐像唐卡

尺寸：30.5×32.4cm

估价：HKD4,000,000-5,000,000

成交价：HKD4,820,000

2010-12-1 香港佳士得

2633 18世纪 提婆唐卡

尺寸：170×124cm

估价：RMB800,000-1,000,000

成交价：RMB1,176,000

2010-6-7 北京翰海

2632 18世纪 吉祥天母唐卡

尺寸： 81×57cm

估价：RMB280,000-350,000

成交价：RMB672,000

2010-6-7 北京翰海

0880 明末清初 竹雕瑞兽摆件
尺寸：长 17.5cm
估价：RMB50,000-50,000
成交价：RMB770,000
2010-5-24 天津文物

3135 清中期 竹雕寿星
尺寸：高 28cm
估价：RMB200,000-300,000
成交价：RMB649,600
2010-12-12 北京翰海

2411 清 竹雕鹿
尺寸：高 23cm；连座高 28cm
估价：RMB250,000-300,000
成交价：RMB336,000
2010-7-6 杭州西泠

2720 清 吴之璠制竹雕罗汉笔筒
尺寸：高 15.7cm；口径 10.9cm
估价：RMB150,000-200,000
成交价：RMB190,400
2010-7-6 杭州西泠

2437 清初 吴之璠制《刘海戏蟾图》竹笔筒
“戊辰大暑后一日 之璠”行书刻款
尺寸：直径 8.9cm；高 15.7cm
估价：RMB1,200,000–1,800,000
成交价：RMB2,240,000
2010–5–16 中国嘉德

2184 17–18 世纪 张希黄款笔筒
尺寸：高 10.6cm
估价：HKD1,500,000–2,000,000
成交价：HKD6,020,000
2010–10–7 香港苏富比

1246 清 梁山舟铭文甫刻《老子出关》竹笔筒
尺寸：高 13.5cm
估价：RMB650,000–800,000
成交价：RMB840,000
2010–6–6 匡时国际

1247 清 李希乔竹雕山水人物笔筒
尺寸：高 15.5cm
估价：RMB200,000–220,000
成交价：RMB224,000
2010–6–6 匡时国际

2705 清乾隆 潘西凤制《西园雅集》透雕笔筒
"老桐制"楷书款、"潘"字印款
尺寸：高 14.1cm；口径 12cm
估价：RMB200,000-250,000
成交价：RMB672,000
2010-12-14 杭州西泠

0681 清乾隆 竹雕《刘阮入天台图》笔筒
尺寸：高 15.5cm
估价：RMB380,000-420,000
成交价：RMB582,400
2010-5-18 北京永乐

2706 清乾隆 周芷岩制竹雕笔筒
尺寸：高 11cm；口径 4.8cm
估价：RMB180,000-300,000
成交价：RMB470,400
2010-12-14 杭州西泠

3232 清乾隆 竹雕《嵩山草堂图》笔筒
"嵩山草堂图"隶书款、"乾隆丙寅孟夏芷岩制"行书款
尺寸：高 16cm
估价：RMB1,800,000-2,600,000
成交价：RMB3,472,000
2010-12-12 北京翰海

2417 清 邓渭（款）竹雕笔筒

"云樵山人制"款

尺寸：高 13cm；口径 6.1cm

估价：RMB180,000-200,000

成交价：RMB336,000

2010-7-6 杭州西泠

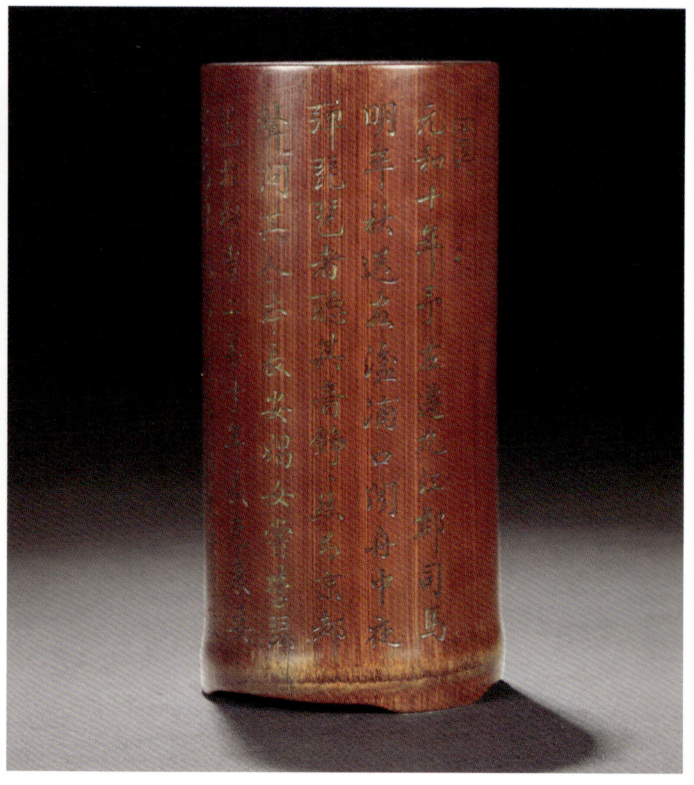

2707 清乾隆 邓渭制竹雕《琵琶行序》笔筒

尺寸：高 11.9cm；口径 5.5cm

估价：RMB120,000-150,000

成交价：RMB672,000

2010-12-14 杭州西泠

2305 清中期 竹雕《兰亭群贤聚会图》笔筒

尺寸：高 15.2cm

估价：RMB500,000-700,000

成交价：RMB2,352,000

2010-12-11 北京翰海

2751 清 沈全林款《秋虫白菜》笔筒

尺寸：高 13.4cm；口径 9.8cm

估价：RMB120,000-150,000

成交价：RMB224,000

2010-12-14 杭州西泠

0349 清中期 竹雕《百子图》小笔筒
尺寸：高 11cm
估价：RMB650,000-750,000
成交价：RMB806,400
2010-12-4 匡时国际

2414 清 沈全林制《螳螂秋菘图》竹笔筒
尺寸：直径 11cm；高 15cm
估价：RMB300,000-400,000
成交价：RMB1,344,000
2010-5-16 中国嘉德

0350 清早期 竹雕《竹林七贤》香筒
尺寸：高 20cm
估价：RMB180,000-220,000
成交价：RMB358,400
2010-12-4 匡时国际

2704 清 《群贤雅集》竹雕香筒
尺寸：高 19cm；口径 3.9cm
估价：RMB120,000-150,000
成交价：RMB324,800
2010-12-14 杭州西泠

2436 清初 顾珏制《兰亭雅集图》竹香筒

“宗玉”隶书刻款

尺寸：直径 7.7cm；高 25cm

估价：RMB2,200,000–3,200,000

成交价：RMB5,040,000

2010–5–16 中国嘉德

2603 清 竹雕刘海戏金蟾香筒

尺寸：高 18.9cm；口径 4cm

估价：RMB 150,000–180,000

成交价：RMB268,800

2010–7–6 杭州西泠

2697 清 张希黄款留青臂搁

尺寸：长 24.5cm；宽 5cm

估价：RMB280,000–300,000

成交价：RMB313,600

2010–7–6 杭州西泠

1249 清早期 周芷岩款留青山水人物臂搁
尺寸：21.3×5.5cm
估价：RMB450,000-550,000
成交价：RMB504,000
2010-6-19 北京歌德

2712 清 少谷制《洛神图》竹雕臂搁
尺寸：长 28.3cm；宽 8.5cm
估价：RMB120,000-150,000
成交价：RMB313,600
2010-12-14 杭州西泠

0330 清 吴湖帆藏竹阴刻花卉、人物故事臂搁
尺寸：长 9.3cm
估价：RMB350,000-400,000
成交价：RMB380,800
2010-12-4 匡时国际

0228 明 香妃紫花腊底
尺方十三单扇骨
尺寸：长 36cm
估价：RMB300,000-450,000
成交价：RMB1,008,000
2011-1-20 北京长风

0212 金西厓 郑孝胥行书臂搁

钤印：郑；金坊之印

尺寸：长 32cm

估价：RMB15,000–25,000

成交价：RMB179,200

2010–5–14 北京华辰

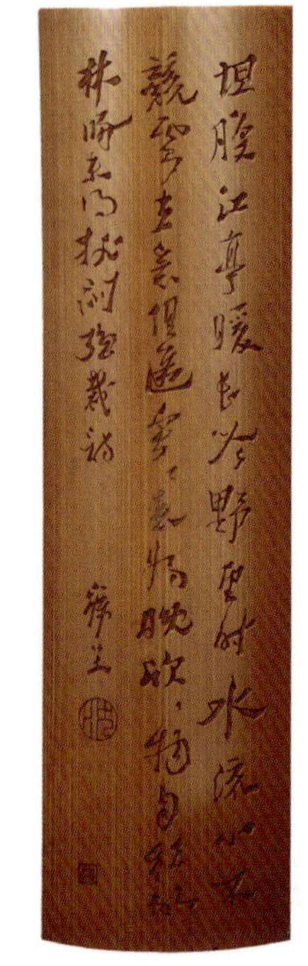

0213 金西厓 沈曾植行书臂搁

钤印：沈；西厓

尺寸：长 29cm

估价：RMB15,000–25,000

成交价：RMB212,800

2010–5–14 北京华辰

2707 清 黄杨木观音像

尺寸：高 45.5cm；带座高 52.3cm

估价：RMB700,000–750,000

成交价：RMB784,000

2010–7–6 杭州西泠

1644 清 沉香木坐相观音

尺寸：高 10.5cm

估价：RMB120,000–130,000

成交价：RMB246,400

2010–12–17 上海朵云轩

0076 清中期 黄杨木雕观音立像
尺寸：高 18cm
估价：RMB600,000-800,000
成交价：RMB840,000
2010-12-4 匡时国际

0882 清乾隆 黄杨木雕《曹国舅与蓝采和》摆件
尺寸：高 29cm
估价：RMB180,000-200,000
成交价：RMB201,600
2010-6-22 北京长风

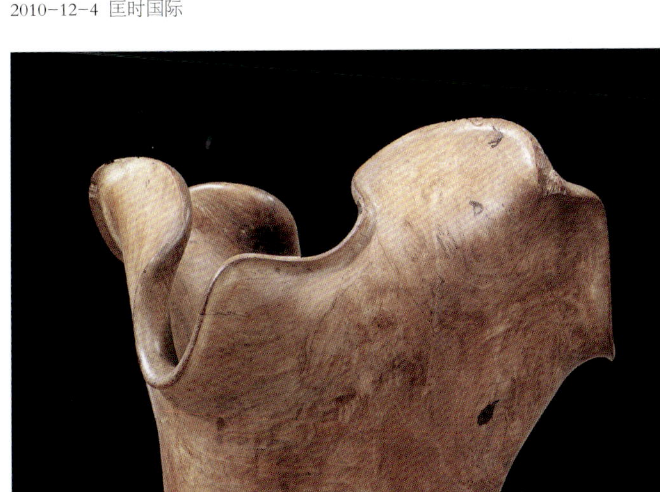

2645 明早期 黄花梨大笔筒
尺寸：高 41cm
估价：RMB1,200,000-1,800,000
成交价：RMB1,568,000
2010-11-21 中国嘉德

2430 明 沉香随形刻天然木桩形笔筒
尺寸：高 15.5cm；连座高 17.2cm
估价：RMB200,000-250,000
成交价：RMB246,400
2010-7-6 杭州西泠

2312 明万历 丁云鹏绘无量寿佛大笔海

尺寸：高 26.5cm

估价：RMB450,000-550,000

成交价：RMB504,000

2010-6-30 上海朵云轩

1618 明 黄花梨瘤雕笔筒

尺寸：高 19.5cm

估价：RMB200,000-300,000

成交价：RMB1,176,000

2010-6-6 北京翰海

1087 清早期 黄花梨雕《仙山访友图》大笔筒

“周乃始”款

尺寸：高 22cm；直径 23.7cm

估价：RMB1,600,000-1,800,000

成交价：RMB1,792,000

2010-11-14 北京荣宝

2716 清 周芷岩铭紫檀笔筒

尺寸：高 13.6cm；口径 9.4cm

估价：RMB180,000-250,000

成交价：RMB291,200

2010-7-6 杭州西泠

4350 清乾隆 周芷岩刻黄花梨竹石大笔海

“张鹏翀”款

尺寸：高 22cm

估价：RMB5,000,000–8,000,000

成交价：RMB8,736,000

2010-6-4 北京保利

0734 清早期 周芷岩刻紫檀诗文文竹花卉笔筒

尺寸：高 11.6cm

估价：RMB600,000–800,000

成交价：RMB1,568,000

2011-1-20 北京长风

2925 清早期 紫檀嵌百宝人物笔筒

“万历年制”楷书款

尺寸：高 13.8cm

估价：RMB60,000–80,000

成交价：RMB224,000

2010-6-7 北京翰海

2710 清初 沉香木山水人物浮雕笔筒
尺寸：高 19cm
估价：RMB350,000–450,000
成交价：RMB392,000
2010–7–6 杭州西泠

1249 清中期 王梦楼题潘天寿画紫檀花卉纹笔筒
尺寸：高 17.5cm
估价：RMB400,000–450,000
成交价：RMB481,600
2010–6–6 匡时国际

2749 清 紫檀嵌百宝刀马人物笔筒
"乾隆御制"款
尺寸：高 17.1cm；口径 16.2cm
估价：RMB80,000–150,000
成交价：RMB280,000
2010–12–14 杭州西泠

2306 清中期 黄杨木透雕《松下观瀑图》笔筒
"乾隆壬子三月，陈水藏"楷书款
尺寸：高 11.8cm
估价：RMB800,000–1,000,000
成交价：RMB3,920,000
2010–12–11 北京翰海

0199 清乾隆 赵雪海款紫檀阴刻山水诗文笔筒
尺寸：高 13cm
估价：RMB220,000-260,000
成交价：RMB313,600
2010-12-4 匡时国际

2425 清 吕世宜为陈鼎铸铭紫檀笔筒
尺寸：直径 18.1cm；高 18.9cm
估价：RMB380,000-580,000
成交价：RMB728,000
2010-5-16 中国嘉德

1653 明末 尤侃刻沉香木杯
尺寸：高 9cm
估价：RMB600,000-800,000
成交价：RMB1,008,000
2010-12-17 上海朵云轩

2711 清 核雕十八罗汉
尺寸：尺寸不一
估价：RMB300,000-350,000
成交价：RMB358,400
2010-7-6 杭州西泠

2308 清乾隆 御制紫檀嵌银丝三镶寿山松鼠葡萄如意

尺寸：长 43cm

估价：RMB1,200,000-1,800,000

成交价：RMB1,232,000

2010-12-11 北京翰海

0907 清中期 沉香雕人物故事如意

尺寸：长 41.5cm

估价：RMB300,000-350,000

成交价：RMB336,000

2010-11-19 北京歌德

1728 清乾隆 御制竹黄御制诗“九如灵芝”圆如意
尺寸：长 34.7cm
估价：HKD13,000,000-15,000,000
成交价：HKD15,780,000
2010-4-8 香港苏富比

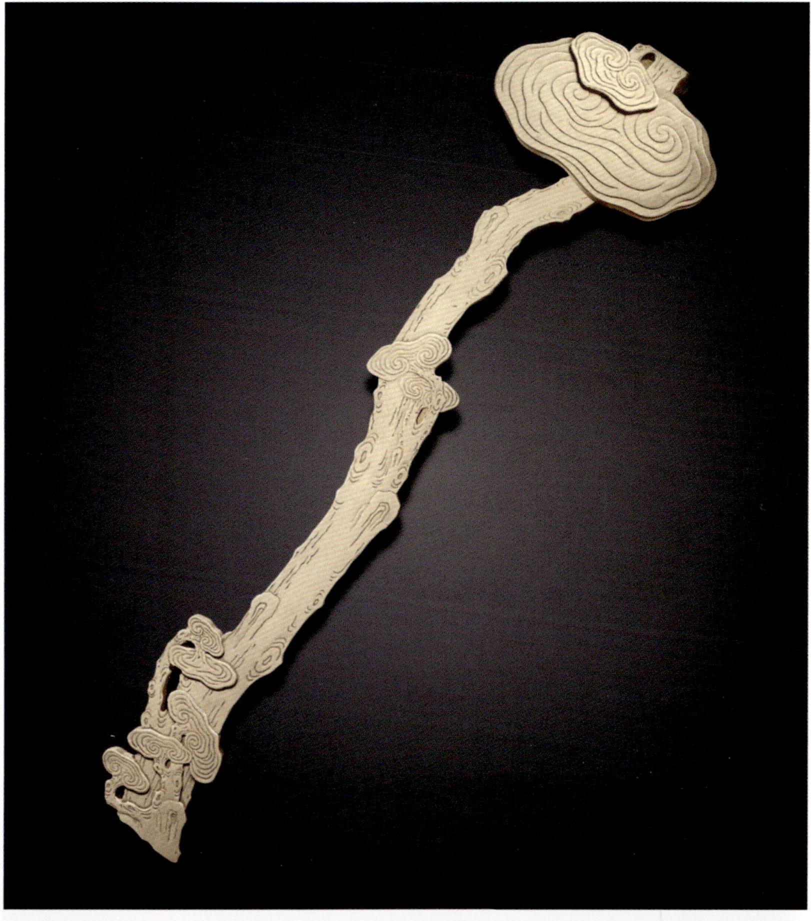

1708 清雍正 御制黄杨木雕灵芝如意
“雍正年制”款
尺寸：长 39cm
估价：HKD5,000,000-7,000,000
成交价：HKD11,860,000
2010-4-8 香港苏富比

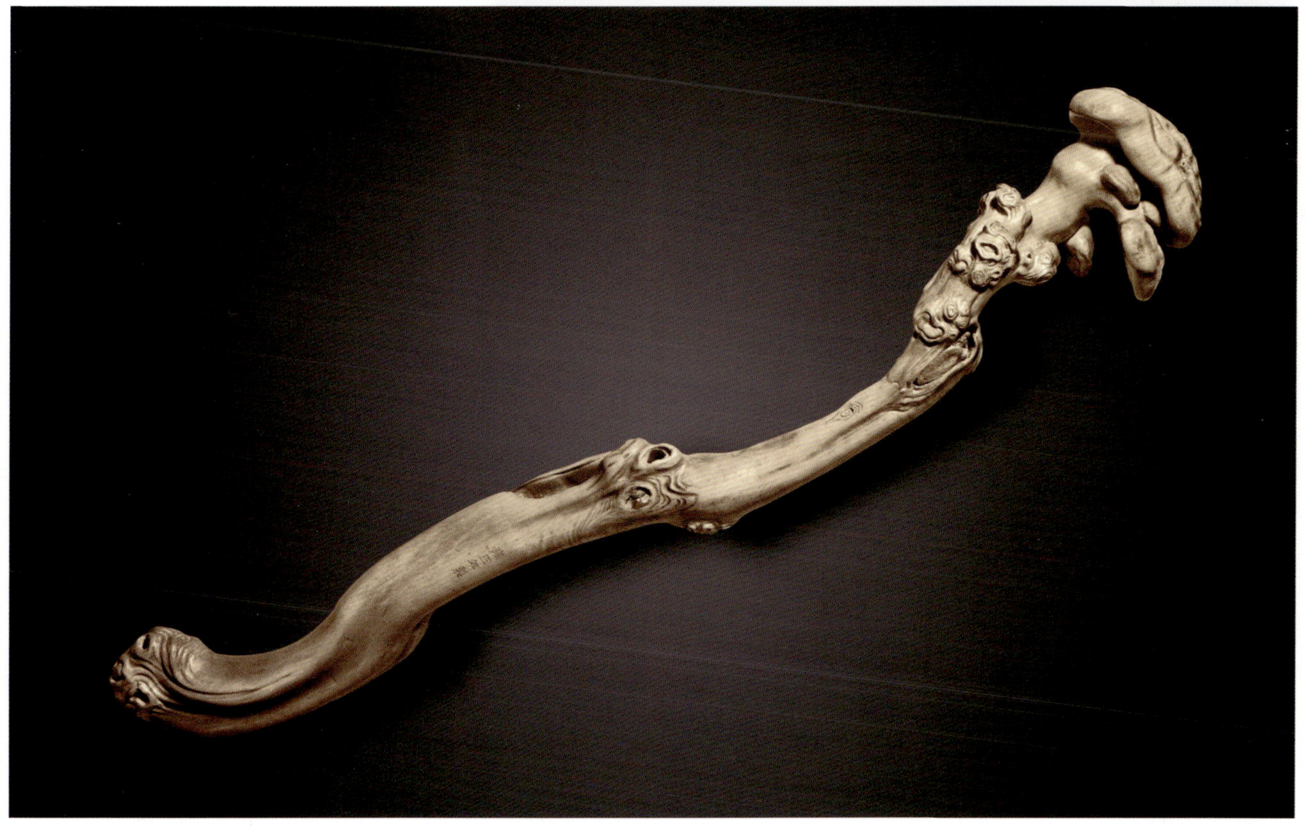

0286 清中期 象牙描金三世佛坐像

尺寸：高 22cm

估价：RMB400,000−600,000

成交价：RMB873,600

2010−11−19 北京华辰

3255 清 象牙加彩仙人摆件

尺寸：高 29.3cm

估价：RMB120,000−150,000

成交价：RMB616,000

2010−12−12 北京翰海

1704 清 象牙雕渔樵耕读纹笔筒

尺寸：高 14.5cm

估价：RMB60,000−80,000

成交价：RMB224,000

2010−12−17 上海朵云轩

0755 清 象牙雪樵款山水诗文笔筒

尺寸：高 12cm

估价：RMB100,000−130,000

成交价：RMB145,600

2011−1−20 北京长风

1616 近代 杨士惠刻象牙山水纹笔筒
尺寸：高 20.3cm
估价：RMB250,000–300,000
成交价：RMB392,000
2010–12–17 上海朵云轩

0347 清 象牙雕双龙戏珠纹三足炉
尺寸：高 8cm
估价：RMB320,000–360,000
成交价：RMB425,600
2010–12–4 匡时国际

2606 清 福寿象牙香筒（一对）
尺寸：高 31.5cm；口径 5.2cm；底径 6cm
估价：RMB180,000–250,000
成交价：RMB201,600
2010–7–6 杭州西泠

2735 清 象牙雕罗汉图臂搁
尺寸：长 34.2cm；厚 2cm
估价：RMB80,000–100,000
成交价：RMB246,400
2010–12–14 杭州西泠

1251 20 世纪 象牙婴戏摆件
尺寸：高 38cm
估价：RMB220,000–250,000
成交价：RMB280,000
2010-6-6 匡时国际

0703 20 世纪 40 年代末 杨士惠雕象牙茜色《松下高士图》臂搁（一对）
"润生"篆书款
尺寸：高 18cm
估价：RMB50,000–70,000
成交价：RMB268,800
2010-11-23 北京永乐

1057 清乾隆 象牙彩雕《四妃十六子图》插屏
尺寸：高 83cm；长 74cm
估价：RMB800,000–1,200,000
成交价：RMB1,568,000
2010-5-15 北京华辰

0705 清 于硕微刻象牙王翚《千章古木图》插屏
尺寸：13.1×6.8cm
估价：RMB80,000–100,000
成交价：RMB246,400
2010-11-23 北京永乐

2753 清 象牙雕花鸟五联台屏
"臣陈小章恭制"款
尺寸：高 36.2cm；长 50.2cm
估价：RMB700,000-1,000,000
成交价：RMB873,600
2010-7-6 杭州西泠

0760 清中期 象牙染色雕螭龙纹如意
尺寸：长 35cm
估价：RMB250,000-280,000
成交价：RMB358,400
2011-1-20 北京长风

2125 清 象牙丝编织《鸾凤牡丹图》宫扇
尺寸：高 54.3cm
估价：RMB1,600,000-2,600,000
成交价：RMB4,592,000
2010-11-20 中国嘉德

2983 明 象牙钦颁牌
"弘字号"款
尺寸：高 10.6cm
估价：RMB120,000-160,000
成交价：RMB168,000
2010-6-7 北京翰海

1048 清乾隆 牙雕群仙祝寿盖盒
尺寸：长 31cm
估价：RMB800,000-1,500,000
成交价：RMB1,288,000
2010-5-15 北京华辰

2307 清乾隆 象牙雕福寿盖碗
尺寸：直径 11.4cm
估价：RMB800,000-1,000,000
成交价：RMB1,456,000
2010-12-11 北京翰海

0071 清乾隆 象牙编鱼篓
尺寸：高 25.7cm
估价：RMB800,000-1,000,000
成交价：RMB1,030,400
2010-12-4 匡时国际

2315 清中期 象牙镂雕庭院人物套球
尺寸：宽 11cm
估价：RMB150,000-250,000
成交价：RMB1,288,000
2010-11-21 中国嘉德

2510 清 犀角雕观音像
尺寸：高 12.8cm
估价：RMB1,000,000–1,800,000
成交价：RMB1,120,000
2010–11–20 中国嘉德

0125 角雕坐姿观音像
尺寸：高 25cm
估价：RMB600,000–780,000
成交价：RMB672,000
2010–11–19 北京歌德

2725 明 鲍天成款犀角雕仙鹿杯
尺寸：高 7cm；口径 13.8cm
估价：RMB1,600,000–2,000,000
成交价：RMB3,360,000
2010–12–14 杭州西泠

2926 明代 芙蓉花圆盘
尺寸：直径 13.5cm；高 3cm
估价：RMB1,200,000–1,800,000
成交价：RMB2,016,000
2010–12–12 北京翰海

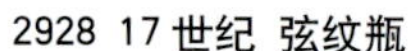

2928 17世纪 弦纹瓶

尺寸：直径 6.2cm；高 12cm

估价：RMB1,500,000-2,500,000

成交价：RMB1,680,000

2010-12-12 北京翰海

2726 清 胡星岳款犀角雕扁足鼎

“胡星岳制”款

尺寸：通高 16.5cm；高 12.9cm；口径 8.2cm

估价：RMB1,500,000-2,000,000

成交价：RMB2,016,000

2010-12-14 杭州西泠

1821 明末 犀角光素奈何杯

尺寸：高 13.2cm

估价：HKD800,000-1,200,000

成交价：HKD7,460,000

2010-5-31 香港佳士得

2927 明万历 素身奈何杯
尺寸：13.2×9.8×16cm
估价：RMB2,800,000-3,800,000
成交价：RMB3,136,000
2010-12-12 北京翰海

0044 清初 犀角雕螭龙纹奈何杯
尺寸：高 15.5cm
估价：RMB600,000-700,000
成交价：RMB2,352,000
2010-12-4 匡时国际

2925 17世纪 素身杯
尺寸：15.5×11.5×8.5cm
估价：RMB1,800,000-2,500,000
成交价：RMB3,080,000
2010-12-12 北京翰海

1124 明 犀角爵杯
尺寸：16×7.5×15cm
估价：RMB800,000-1,000,000
成交价：RMB1,568,000
2010-6-19 北京歌德

1822 清康熙 犀角莱菔尊

“康熙御制”楷书款

尺寸：高 15.3cm

估价：HKD1,800,000-2,500,000

成交价：HKD39,860,000

2010-5-31 香港佳士得

2910 17世纪 连科及第水注
尺寸：17.5×11.3×10.3cm
估价：RMB5,000,000-6,000,000
成交价：RMB7,000,000
2010-12-12 北京翰海

1823 清康熙 犀角雕连科及第水注
尺寸：宽 14.3cm
估价：HKD2,000,000-2,500,000
成交价：HKD11,300,000
2010-5-31 香港佳士得

1126 犀角透雕荷趣图摆件
尺寸：长 65.5cm
估价：RMB1,500,000−1,800,000
成交价：RMB1,680,000
2010−11−14 北京荣宝

2028 清中期 犀角雕八仙贺寿摆件
尺寸：高 46cm
估价：RMB450,000−750,000
成交价：RMB1,176,000
2010−6−30 上海朵云轩

2723 清 犀角雕仙人乘槎摆件
尺寸：高 9.5cm；长 26cm
估价：RMB1,200,000−1,600,000
成交价：RMB1,904,000
2010−12−14 杭州西泠

4512 明万历 鲍天成制犀角雕仿古龙凤杯

"大明万历年制"、"万历丙辰十月"、"天成恭制"款

尺寸：高 14.2cm

估价：RMB10,000,000-15,000,000

成交价：RMB11,200,000

2010-12-5 北京保利

2644 17 世纪 鲍天成款犀角杯

尺寸：高 16.5cm

估价：HKD12,000,000–15,000,000

成交价：HKD14,100,000

2010-10-8 香港苏富比

2774 明 方弘斋制《赤壁夜游》犀角杯

尺寸：高 13.5cm

估价：RMB2,600,000–3,500,000

成交价：RMB5,376,000

2010–7–6 杭州西泠

2724 明 犀角雕玉兰杯

尺寸：高 19.6cm；长 24.5cm

估价：RMB1,800,000–2,800,000

成交价：RMB3,920,000

2010–12–14 杭州西泠

2929 明代 莲花杯

尺寸：直径 10.5cm；高 6.5cm

估价：RMB1,500,000–2,500,000

成交价：RMB1,568,000

2010–12–12 北京翰海

0848 明 犀角雕螭虎纹杯

尺寸：14.7×10.2×9cm

估价：RMB700,000–900,000

成交价：RMB1,120,000

2010–11–19 北京歌德

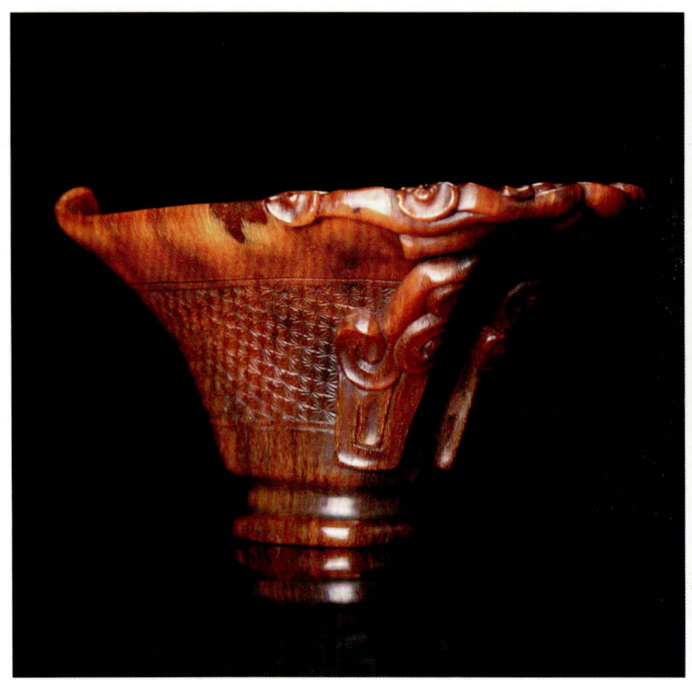

0849 明 犀角雕螭龙杯
尺寸：16.5×10.5×8.5cm
估价：RMB600,000-800,000
成交价：RMB1,008,000
2010-11-19 北京歌德

0051 明 犀角雕一把莲纹杯
尺寸：高 13.5cm
估价：RMB2,200,000-2,500,000
成交价：RMB2,912,000
2010-12-4 匡时国际

2908 明代 花卉杯
尺寸：11×9×18.5cm
估价：RMB1,000,000-1,200,000
成交价：RMB1,120,000
2010-12-12 北京翰海

0060 明 犀角雕玉兰花纹杯
尺寸：长 15cm
估价：RMB1,000,000-1,200,000
成交价：RMB1,568,000
2010-12-4 匡时国际

0056 明 犀角雕松竹梅双龙纹杯

尺寸：高 7.5cm

估价：RMB700,000-800,000

成交价：RMB952,000

2010-12-4 匡时国际

0040 明 犀角雕玉兰花纹杯

尺寸：高 6.5cm

估价：RMB1,200,000-1,500,000

成交价：RMB1,792,000

2010-12-4 匡时国际

0036 明 犀角雕四季花鸟纹杯

尺寸：高 9.4cm

估价：RMB1,200,000-1,500,000

成交价：RMB1,792,000

2010-12-4 匡时国际

0041 明末 犀角雕《松山论道》纹杯

尺寸：长 14.3cm

估价：RMB1,500,000-1,800,000

成交价：RMB2,464,000

2010-12-4 匡时国际

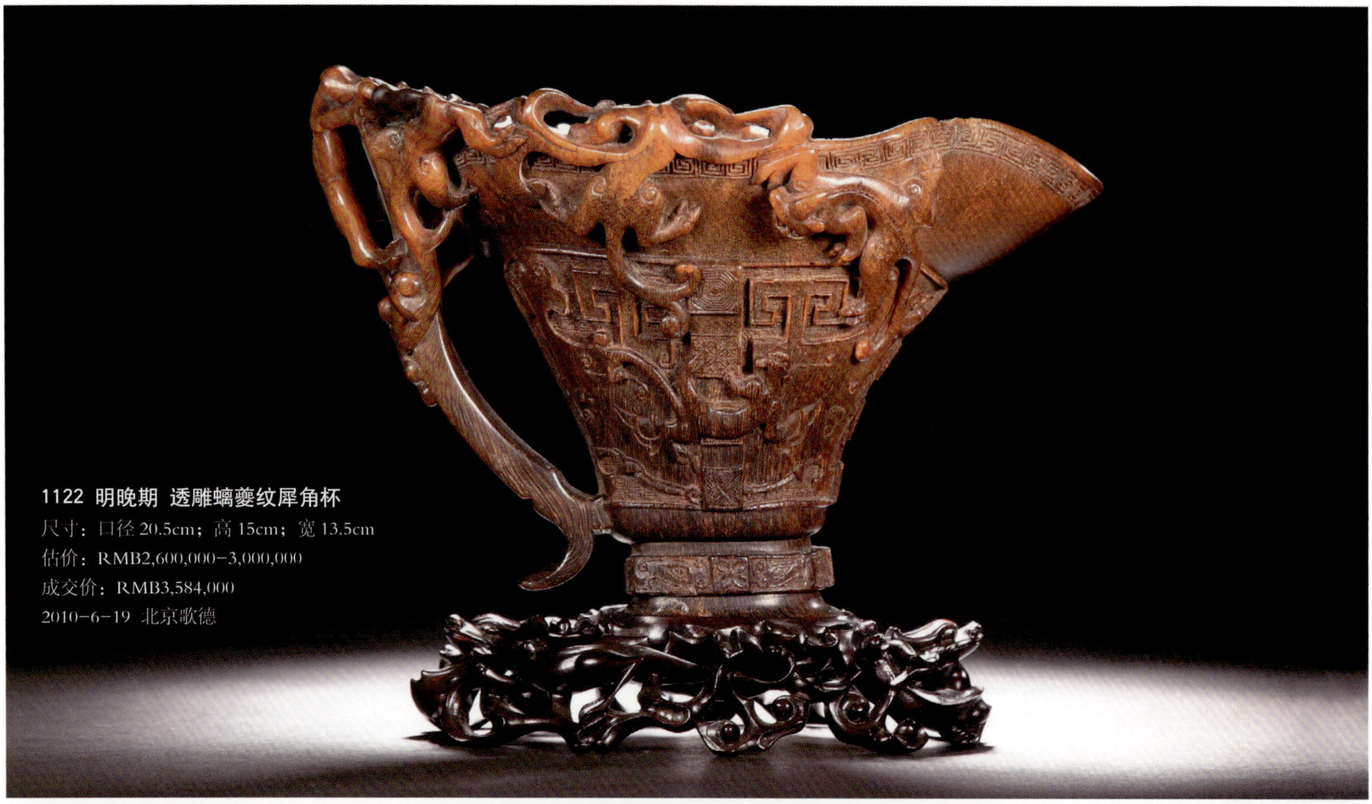

1122 明晚期 透雕螭夔纹犀角杯
尺寸：口径 20.5cm；高 15cm；宽 13.5cm
估价：RMB2,600,000–3,000,000
成交价：RMB3,584,000
2010–6–19 北京歌德

1812 明末 犀角雕九龙杯
尺寸：宽 18cm
估价：HKD2,500,000–3,000,000
成交价：HKD7,460,000
2010–5–31 香港佳士得

1814 明末 犀角雕龙凤纹杯
尺寸：高 10cm
估价：HKD1,500,000–2,000,000
成交价：HKD6,020,000
2010–5–31 香港佳士得

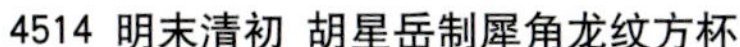

4514 明末清初 胡星岳制犀角龙纹方杯
“胡星岳作”款
尺寸：长 9.8cm
估价：RMB1,200,000–1,800,000
成交价：RMB2,240,000
2010–12–5 北京保利

2904 明末清初 苍松杯
尺寸：15.3×9.3×6.4cm
估价：RMB1,800,000–2,500,000
成交价：RMB2,240,000
2010–12–12 北京翰海

1824 明末 犀角雕《兰亭序》杯

尺寸：宽 16.6cm

估价：HKD1,800,000-2,200,000

成交价：HKD39,860,000

2010-5-31 香港佳士得

2868 明晚期 犀角《夜游赤壁》杯
“文枢”楷书款
尺寸：高 10.6cm
估价：RMB1,800,000–2,200,000
成交价：RMB2,128,000
2010–6–7 北京翰海

2873 明晚期 犀角九螭龙纹杯
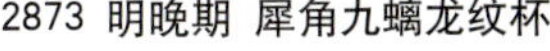
尺寸：高 10.2cm
估价：RMB1,200,000–1,600,000
成交价：RMB1,456,000
2010–6–7 北京翰海

2874 明晚期 犀角荷花杯
尺寸：高 9.4cm
估价：RMB1,000,000–1,500,000
成交价：RMB1,120,000
2010–6–7 北京翰海

2907 17世纪 玉兰花杯

尺寸：10×15×21cm

估价：RMB3,500,000–4,500,000

成交价：RMB3,920,000

2010–12–12 北京翰海

2508 明末清初 犀角雕佛手昆虫杯

尺寸：高 28.9cm

估价：RMB1,500,000–1,800,000

成交价：RMB1,680,000

2010–11–20 中国嘉德

2909 17世纪 荷花杯

尺寸：15×14×24cm

估价：RMB3,500,000–4,500,000

成交价：RMB3,640,000

2010–12–12 北京翰海

1815 明末清初 犀角雕《百子图》杯

尺寸：高 17.8cm

估价：HKD3,500,000–4,000,000

成交价：HKD25,300,000

2010–5–31 香港佳士得

2917 明末清初 《四骏图》杯
尺寸：13.5×8×8.5cm
估价：RMB2,500,000-3,000,000
成交价：RMB3,080,000
2010-12-12 北京翰海

2924 明末清初 古木藤蔓纹杯
尺寸：14.5×8.5×5.8cm
估价：RMB3,500,000-5,000,000
成交价：RMB3,920,000
2010-12-12 北京翰海

0049 明末清初 犀角雕《苏东坡前赤壁夜游》纹杯
尺寸：高 13.6cm
估价：RMB2,200,000-2,600,000
成交价：RMB3,360,000
2010-12-4 匡时国际

0629 明晚期 犀角透雕螭龙纹灵芝形杯
尺寸：长 16.5cm
估价：RMB730,000-780,000
成交价：RMB1,097,600
2010-5-18 北京永乐

0058 明末清初 犀角雕苍松虬枝纹杯
尺寸：高 7.8cm
估价：RMB1,000,000-1,200,000
成交价：RMB1,456,000
2010-12-4 匡时国际

0059 明末清初 犀角雕《百鸟朝凤》纹杯
尺寸：高 9.7cm
估价：RMB1,000,000-1,200,000
成交价：RMB1,456,000
2010-12-4 匡时国际

0034 明末清初 犀角雕松纹杯
尺寸：高 7cm
估价：RMB800,000-1,000,000
成交价：RMB1,232,000
2010-12-4 匡时国际

2911 17世纪 富甲天下杯
尺寸：17×10×6.6cm
估价：RMB1,800,000-2,500,000
成交价：RMB2,016,000
2010-12-12 北京翰海

2913 17世纪 荷叶螭龙杯
尺寸：16.5×11×8cm
估价：RMB1,800,000-2,500,000
成交价：RMB2,016,000
2010-12-12 北京翰海

2922 17世纪 《牡丹亭》诗文杯
尺寸：17.5×9.8×12.5cm
估价：RMB4,000,000-5,000,000
成交价：RMB4,256,000
2010-12-12 北京翰海

0847 明末清初 犀角雕《桃花源》题诗杯

尺寸：长 14cm

估价：USD120,000－180,000

成交价：USD314,500

2010－3－25 纽约佳士得

0055 17 世纪 犀角雕《猿猴图》纹杯

尺寸：高 16cm

估价：GBP60,000－80,000

成交价：GBP145,250

2010－11－9 伦敦佳士得

0053 17 世纪 犀角雕螭龙纹杯

尺寸：宽 16.5cm

估价：GBP60,000－100,000

成交价：GBP121,250

2010－11－9 伦敦佳士得

0056 17 世纪 犀角雕花卉纹杯

尺寸：宽 16.5cm

估价：GBP60,000－80,000

成交价：GBP145,250

2010－11－9 伦敦佳士得

2905 17世纪 梅花杯
尺寸：14.8×9.9×8.8cm
估价：RMB800,000–1,200,000
成交价：RMB918,400
2010–12–12 北京翰海

2914 17世纪 古铜龙凤纹杯
"商铭"款
尺寸：10.2×7×11.3cm
估价：RMB1,800,000–2,200,000
成交价：RMB1,904,000
2010–12–12 北京翰海

2916 17世纪 《五伦图》杯
尺寸：15.5×10.8×9.3cm
估价：RMB1,500,000–2,000,000
成交价：RMB2,016,000
2010–12–12 北京翰海

2918 17世纪 《滚马图》杯
尺寸：14×10.1×12cm
估价：RMB3,500,000–4,000,000
成交价：RMB3,584,000
2010–12–12 北京翰海

2773 清初 《荷塘清趣》犀角杯
尺寸：高 10.4cm
估价：RMB1,200,000-1,500,000
成交价：RMB1,680,000
2010-7-6 杭州西泠

2027 清初 犀角雕《赤壁图》杯
尺寸：高 10.5cm
估价：RMB1,200,000-1,800,000
成交价：RMB2,968,000
2010-6-30 上海朵云轩

0842 17-18 世纪 犀角雕莲花杯
尺寸：周长 13cm
估价：USD50,000-70,000
成交价：USD542,500
2010-3-25 纽约佳士得

2775 清初 山水人物犀角杯
尺寸：高 12.9cm
估价：RMB1,600,000-2,200,000
成交价：RMB2,072,000
2010-7-6 杭州西泠

0031 清初 犀角雕螭龙纹杯
尺寸：长 15.5cm
估价：RMB1,000,000–1,500,000
成交价：RMB1,568,000
2010-12-4 匡时国际

0032 清初 犀角雕松纹杯
尺寸：高 10cm
估价：RMB700,000–800,000
成交价：RMB1,064,000
2010-12-4 匡时国际

2923 17–18 世纪 《洗桐图》杯
尺寸：16×11.5×13.5cm
估价：RMB5,000,000–6,000,000
成交价：RMB7,168,000
2010-12-12 北京翰海

2902 17世纪 梅花纹杯

尺寸：11.2×8.7×7cm

估价：RMB1,000,000-1,500,000

成交价：RMB1,120,000

2010-12-12 北京翰海

2511 清早期 犀角雕螭龙杯

尺寸：宽 16cm

估价：RMB1,800,000-2,500,000

成交价：RMB2,016,000

2010-11-20 中国嘉德

0033 清初 犀角雕荷塘螭龙纹菱口杯

尺寸：高 8.7cm

估价：RMB1,000,000-1,200,000

成交价：RMB1,568,000

2010-12-4 匡时国际

0037 清初 犀角雕携琴访友纹杯

尺寸：长 14cm

估价：RMB1,000,000-1,200,000

成交价：RMB1,680,000

2010-12-4 匡时国际

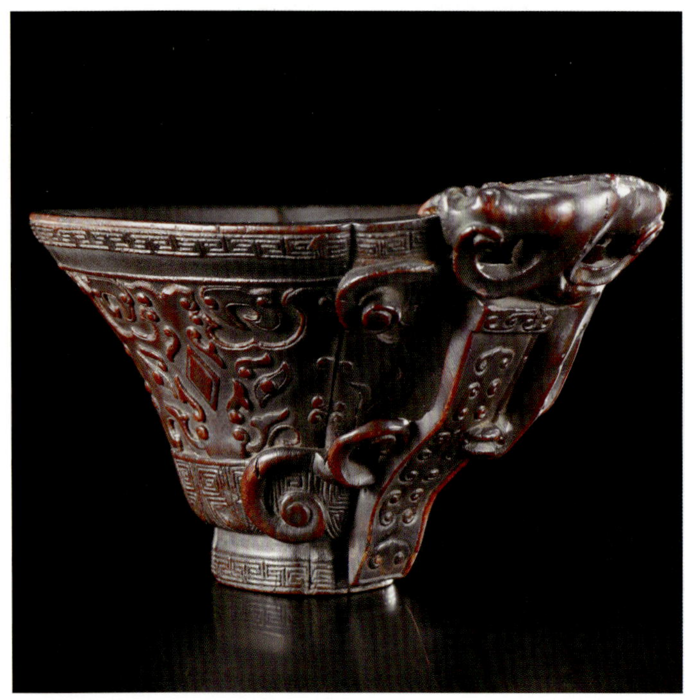

0038 清初 犀角雕兽面回纹螭耳杯

尺寸：长 14cm

估价：RMB800,000－1,000,000

成交价：RMB1,120,000

2010－12－4 匡时国际

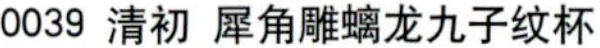

0039 清初 犀角雕螭龙九子纹杯

尺寸：长 17.8cm

估价：RMB1,500,000－1,600,000

成交价：RMB2,240,000

2010－12－4 匡时国际

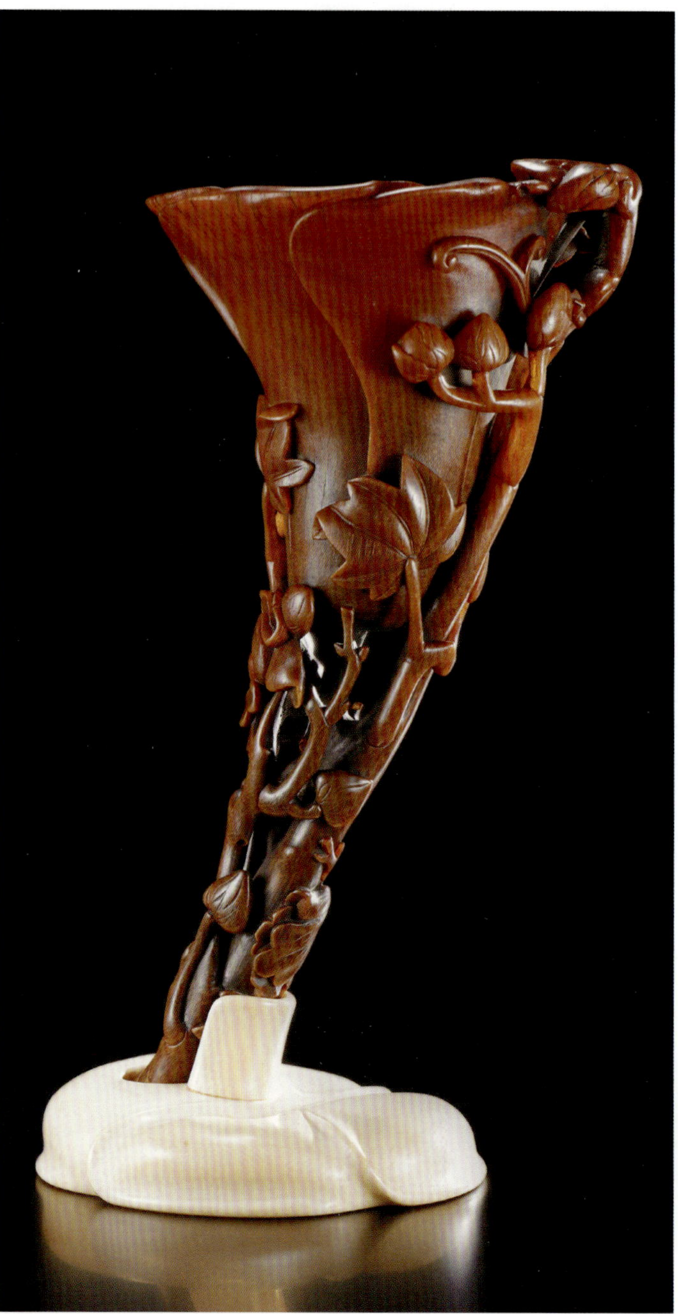

0035 清初 犀角雕花卉螭龙纹花口杯

尺寸：高 29cm

估价：RMB2,500,000－3,000,000

成交价：RMB7,392,000

2010－12－4 匡时国际

0043 清初 犀角雕仙人乘槎纹杯
尺寸：高 11.1cm
估价：RMB2,200,000-2,600,000
成交价：RMB3,472,000
2010-12-4 匡时国际

1123 清初 犀角雕螭龙海棠杯
尺寸：12.5×9.8×7.5cm
估价：RMB600,000-800,000
成交价：RMB672,000
2010-6-19 北京歌德

0054 清初 犀角雕螭龙纹杯
尺寸：长 15cm
估价：RMB1,500,000-1,800,000
成交价：RMB2,688,000
2010-12-4 匡时国际

0052 清初 犀角雕松山访友纹杯
尺寸：高 13cm
估价：RMB1,800,000-2,200,000
成交价：RMB2,576,000
2010-12-4 匡时国际

0046 清初 犀角雕子贞款松鼠葡萄纹杯

尺寸：高 15cm

估价：RMB2,500,000-3,000,000

成交价：RMB3,920,000

2010-12-4 匡时国际

0053 清初 犀角雕梅枝兽面纹杯

尺寸：高 16.5cm

估价：RMB600,000-700,000

成交价：RMB1,288,000

2010-12-4 匡时国际

0047 清初 犀角雕苏轼赤壁泛舟纹杯

尺寸：长 15cm

估价：RMB1,600,000-1,800,000

成交价：RMB2,464,000

2010-12-4 匡时国际

0054 清康熙 犀角雕山水人物纹杯

尺寸：高 11.5cm

估价：GBP100,000-200,000

成交价：GBP241,250

2010-11-9 伦敦佳士得

1170 清康熙 御制犀角《苍龙教子》三足爵杯
尺寸：高 17cm
估价：RMB120,000-1,800,000
成交价：RMB5,600,000
2010-6-6 匡时国际

1276 17–18 世纪 犀角雕大杯
尺寸：直径 18.5cm
估价：USD40,000-60,000
成交价：USD386,500
2010-9-16 纽约佳士得

1808 清康熙 犀角雕松崖烟溪杯
尺寸：宽 15.2cm
估价：HKD1,200,000-1,500,000
成交价：HKD6,260,000
2010-5-31 香港佳士得

1810 清康熙 犀角雕张骞乘槎杯
尺寸：宽 19cm
估价：HKD3,000,000–3,500,000
成交价：HKD8,180,000
2010–5–31 香港佳士得

1809 清康熙 – 雍正 犀角雕芙蓉秋虫杯
尺寸：宽 17.2cm
估价：HKD1,600,000–2,000,000
成交价：HKD6,980,000
2010–5–31 香港佳士得

1271 17–18世纪 犀角雕《山水牧马图》大杯
尺寸：高 13.4cm
估价：USD60,000–80,000
成交价：USD662,500
2010-9-16 纽约佳士得

2919 清乾隆 英雄合卺杯
尺寸：7.5×6.5×7cm
估价：RMB800,000–1,500,000
成交价：RMB896,000
2010-12-12 北京翰海

2915 清乾隆 饕餮纹螭龙耳杯
尺寸：18.2×10.5×11cm
估价：RMB4,500,000–6,000,000
成交价：RMB6,272,000
2010-12-12 北京翰海

2906 18世纪 山石花卉杯
尺寸：15.5×10.1×10.2cm
估价：RMB2,500,000-3,000,000
成交价：RMB3,192,000
2010-12-12 北京翰海

2930 18世纪 缠枝莲八吉祥纹杯
尺寸：直径12.5cm；高9.2cm
估价：RMB1,200,000-1,800,000
成交价：RMB1,232,000
2010-12-12 北京翰海

2903 18世纪 佛手纹杯
尺寸：15.9×10×9cm
估价：RMB1,200,000-1,500,000
成交价：RMB1,456,000
2010-12-12 北京翰海

0823 清 犀牛角花卉蝴蝶杯
尺寸：长13.5cm
估价：USD60,000-80,000
成交价：USD266,500
2010-3-25 纽约佳士得

0849 清 犀角雕《陶渊明爱菊图》杯
尺寸：长 16.2cm
估价：USD200,000-300,000
成交价：USD578,500
2010-3-25 纽约佳士得

0802 清 犀牛角花卉人物杯
尺寸：高 14.6cm
估价：USD60,000-80,000
成交价：USD290,500
2010-3-25 纽约佳士得

2424 清 螭龙凤纹犀角杯
尺寸：口径 14.5cm
估价：RMB800,000-1,000,000
成交价：RMB1,064,000
2010-7-6 杭州西泠

2728 清 神仙人物犀角杯
尺寸：高 43.5cm；口径 20.7cm
估价：RMB400,000-500,000
成交价：RMB1,052,800
2010-12-14 杭州西泠

2512 清 犀角雕龙纹杯
尺寸：高 13cm
估价：RMB1,200,000-2,200,000
成交价：RMB3,360,000
2010-11-20 中国嘉德

2921 清代 《夜游赤壁图》杯
尺寸：16×9.8×10cm
估价：RMB800,000-1,200,000
成交价：RMB1,848,000
2010-12-12 北京翰海

2579 清中期 犀角兽面螭龙杯
尺寸：高 8cm
估价：RMB450,000-500,000
成交价：RMB974,400
2010-6-7 北京翰海

1337 清 九螭荷叶犀角杯（带座）
尺寸：直径 13.5cm
估价：RMB800,000-1,200,000
成交价：RMB2,184,000
2010-5-15 北京华辰

2217 晋太康二年 “猿啸青萝” 琴

尺寸：长 120.5cm

估价：RMB6,500,000-8,500,000

成交价：RMB19,040,000

2010-5-15 中国嘉德

4251 唐－五代 仲尼式“天毭”琴

尺寸：琴长 118cm；有效弦长 110cm；额宽 18cm；肩宽 19cm；尾宽 13cm；厚 5cm

估价：RMB2,800,000–3,800,000

成交价：RMB3,808,000

2010-6-4 北京保利

0022 唐 清风琴

铭文：清风

尺寸：长 126cm

估价：RMB1,800,000–2,200,000

成交价：RMB2,240,000

2010-12-4 匡时国际

0025 唐 惊涛琴

铭文：惊涛

尺寸：长 122cm

估价：RMB1,500,000–2,000,000

成交价：RMB2,688,000

2010-12-4 匡时国际

5681 北宋 宋徽宗御制清乾隆御铭“松石间意”琴

腹款“宣和二年御制”、“康熙庚午王汉章重修”、琴盒刻款“宋制松石间意 大清乾隆辛酉年装”、“永宝用之”、琴背刻款“乾隆壬戌御赏并题”

尺寸：通长 126cm；隐间 115cm；肩宽 21cm；尾宽 13cm；厚 4.7cm

估价：RMB20,000,000–30,000,000

成交价：RMB136,640,000

2010–12–5 北京保利

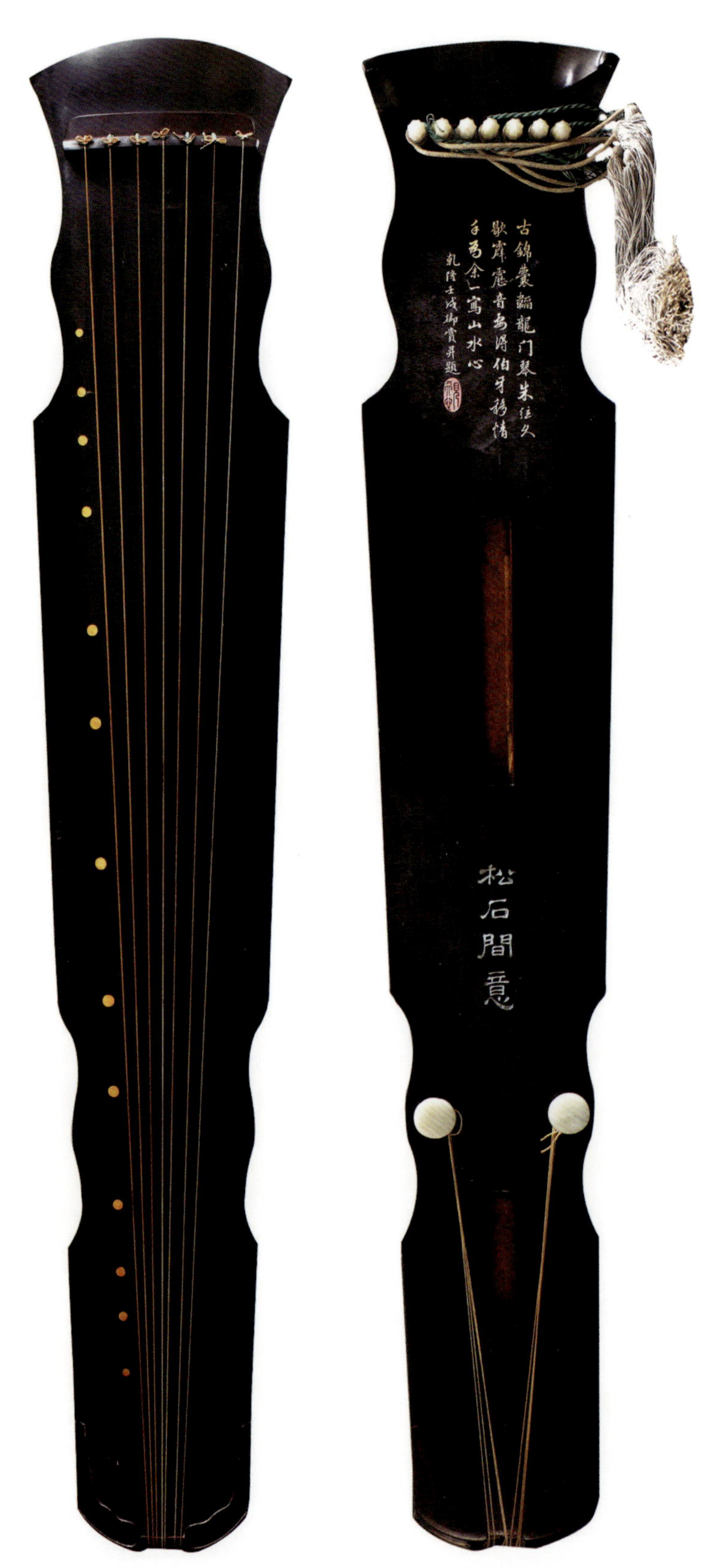

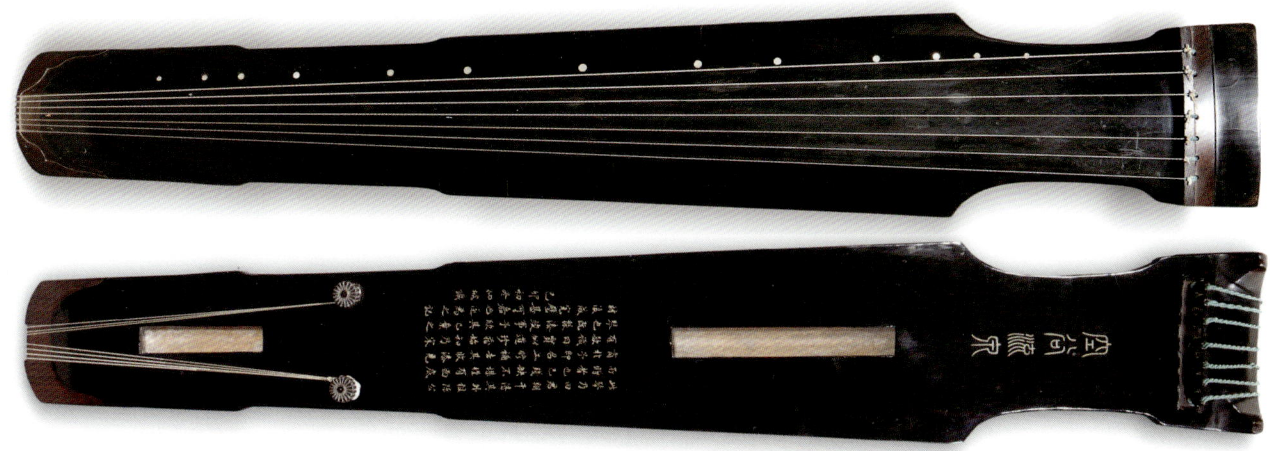

0658 宋 仲尼式“空谷流泉”琴
尺寸：长 122.5cm
估价：RMB600,000-800,000
成交价：RMB3,360,000
2010-5-18 北京永乐

0021 宋 明月琴
张大千题“明月”款
尺寸：长 119cm
估价：RMB1,500,000-1,800,000
成交价：RMB2,240,000
2010-12-4 匡时国际

0024 蕉叶琴
尺寸：长 123cm
估价：RMB2,000,000-2,600,000
成交价：RMB6,720,000
2010-12-4 匡时国际

0023 宋 金声琴
铭文：金声
尺寸：长 119cm
估价：RMB1,800,000–2,200,000
成交价：RMB1,904,000
2010–12–4 匡时国际

0026 宋 云飞川泳琴
铭文：云飞川泳
尺寸：长 118cm
估价：RMB1,200,000–1,600,000
成交价：RMB3,808,000
2010–12–4 匡时国际

0028 宋 无名琴
尺寸：长 122cm
估价：RMB1,200,000–1,600,000
成交价：RMB3,248,000
2010–12–4 匡时国际

1183 宋 朱晦翁藏仲尼式琴
铭文：朱晦翁藏
尺寸：长 122.5cm
估价：RMB9,000,000–10,000,000
成交价：RMB11,200,000
2010–6–6 匡时国际

2742 南宋 迭山号钟琴
尺寸：琴长 118cm；肩宽 17.5cm；尾宽 12.5cm
估价：RMB2,000,000-3,000,000
成交价：RMB2,800,000
2010-12-14 杭州西泠

1184 南宋 高山流水琴
铭文：高山流水
尺寸：长 122cm
估价：RMB3,500,000-4,000,000
成交价：RMB4,032,000
2010-6-6 匡时国际

4254 南宋 连珠式“南风”琴
尺寸：琴长 126cm；肩宽 23cm；尾宽 17cm；厚 6cm
估价：RMB2,800,000-3,800,000
成交价：RMB5,824,000
2010-6-4 北京保利

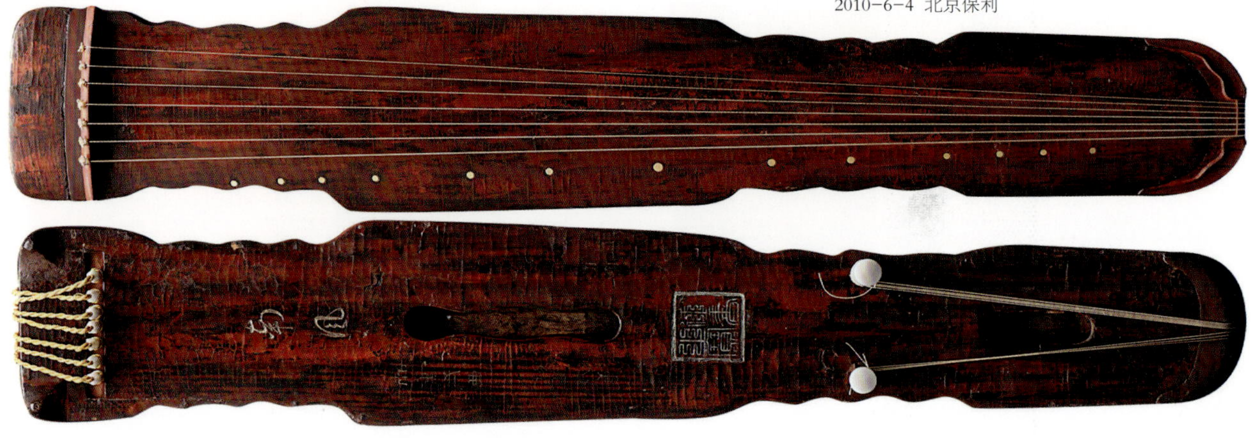

0027 元 无名琴

尺寸：长 122cm

估价：RMB1,500,000-1,800,000

成交价：RMB3,136,000

2010-12-4 匡时国际

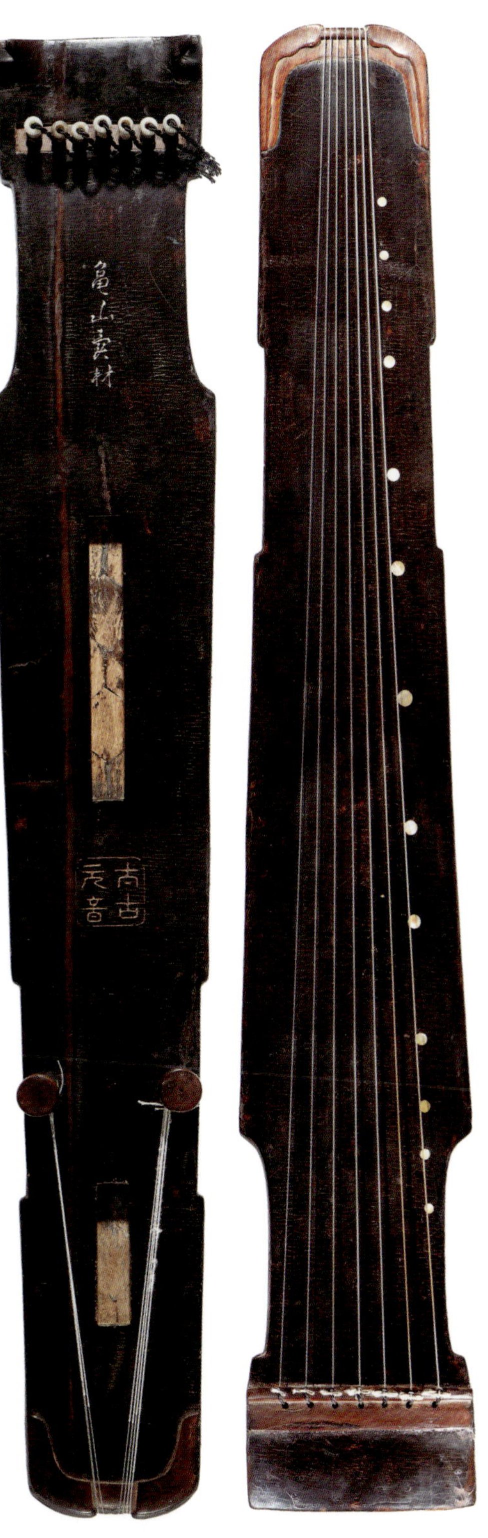

1182 元 龟山异材百衲琴

铭文：龟山异材

尺寸：长 120.5cm

估价：RMB3,500,000-4,000,000

成交价：RMB5,936,000

2010-6-6 匡时国际

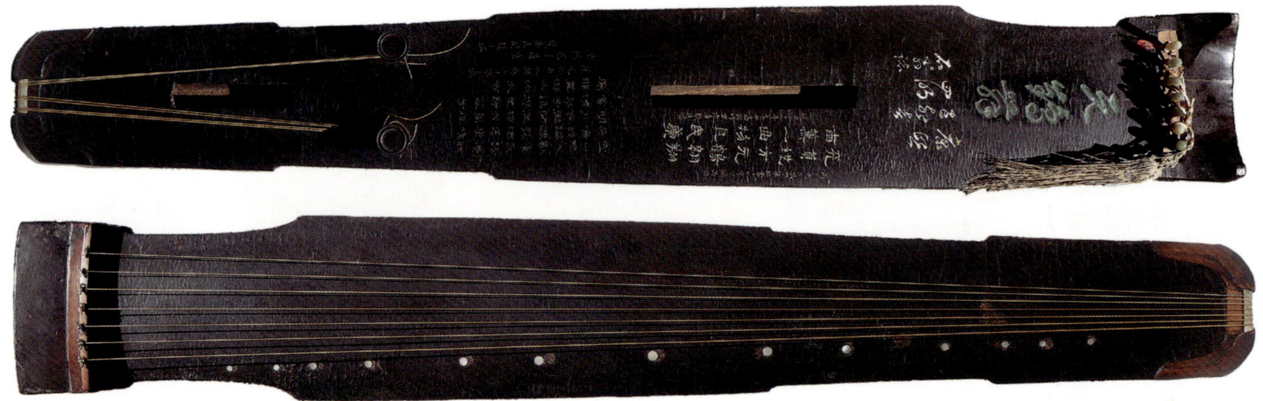

1181 元 鹤舞古漆琴
铭文：元鹤舞
尺寸：长 122cm
估价：RMB500,000-600,000
成交价：RMB1,792,000
2010-6-6 匡时国际

1186 明初 房氏家藏武侯蕉叶琴
铭文：房氏家藏武侯蕉叶琴、黄石山樵制于拜书轩
尺寸：长 121cm
估价：RMB1,800,000-2,200,000
成交价：RMB3,360,000
2010-6-6 匡时国际

1185 明 松云仲尼式琴
铭文：松云
尺寸：长 116cm
估价：RMB1,500,000-2,000,000
成交价：RMB2,016,000
2010-6-6 匡时国际

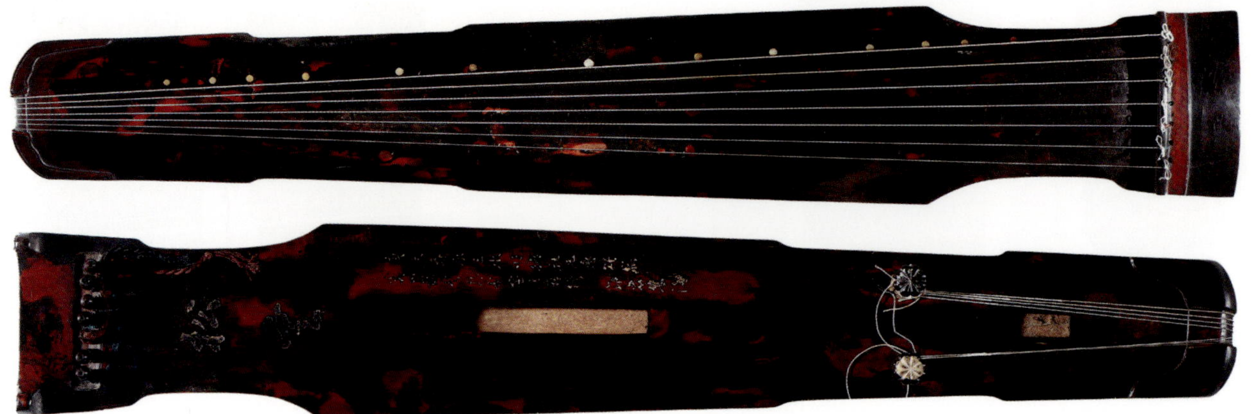

4253 明 潞王制仲尼式“中和”琴

尺寸：琴长 120cm；额宽 17.5cm；肩宽 18.8cm；尾宽 13cm；厚 5.5cm

估价：RMB4,200,000-6,200,000

成交价：RMB5,040,000

2010-6-4 北京保利

2797 明 中和百衲琴

尺寸：长 120.6cm；额宽 17.5cm；肩宽 19cm；尾宽 13.5cm；厚 5.5cm

估价：RMB1,800,000-2,600,000

成交价：RMB2,016,000

2010-7-6 杭州西泠

0029 明 无名琴

尺寸：长 118cm

估价：RMB800,000-1,200,000

成交价：RMB1,792,000

2010-12-4 匡时国际

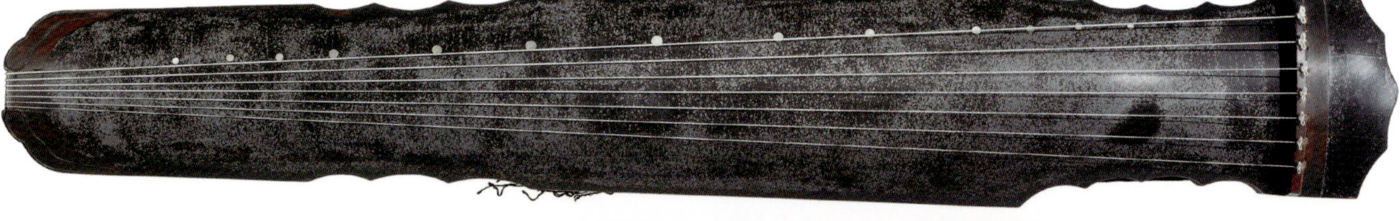

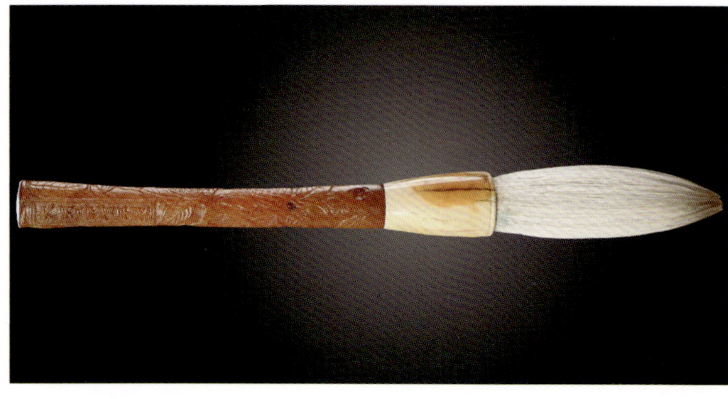

2912 明嘉靖 犀角荔枝纹毛笔

“大明嘉靖年制”款

尺寸：长 27cm

估价：RMB80,000-100,000

成交价：RMB324,800

2010-6-7 北京翰海

2911 明万历 漆嵌罗甸毛笔

“大明万历年制”款

尺寸：长 23.5cm

估价：RMB80,000-100,000

成交价：RMB235,200

2010-6-7 北京翰海

0797 明晚期 剔红曲水流觞图毛笔原配杜甫诗句纹笔帽 剔红米芾拜石图毛笔原配爱鹤图笔帽（两件）

尺寸：长 26.4cm；长 21.8cm

估价：RMB40,000-50,000

成交价：RMB76,160

2010-11-23 北京永乐

0354 清 各式古笔（一组）

尺寸：尺寸不一

估价：RMB40,000-45,000

成交价：RMB246,400

2010-12-4 匡时国际

0343 明 剔犀笔

尺寸：长 23cm

估价：RMB60,000-80,000

成交价：RMB246,400

2010-12-4 匡时国际

2330 清乾隆 朱砂花卉八棱御制墨
“御墨”、“乾隆丁巳年制”款
尺寸：长 12cm
估价：RMB800,000–1,200,000
成交价：RMB2,912,000
2010-12-11 北京翰海

0374 清乾隆 五色宫绢（五张）
估价：RMB150,000–180,000
成交价：RMB291,200
2010-12-4 匡时国际

2337 汉 白虎盖三足砂石砚
尺寸：砚身直径 16.3cm；高 6cm；砚盖高 15cm
估价：RMB600,000–900,000
成交价：RMB1,624,000
2010-7-6 杭州西泠

3204 宋 古鸾歙砚
尺寸：27×16×3.6cm
估价：RMB120,000–180,000
成交价：RMB313,600
2010-12-14 杭州西泠

2302 宋 徐世章藏仿青铜器三足人面端石砚
尺寸：8.5×7×2.2cm
估价：RMB280,000-380,000
成交价：RMB313,600
2010-7-6 杭州西泠

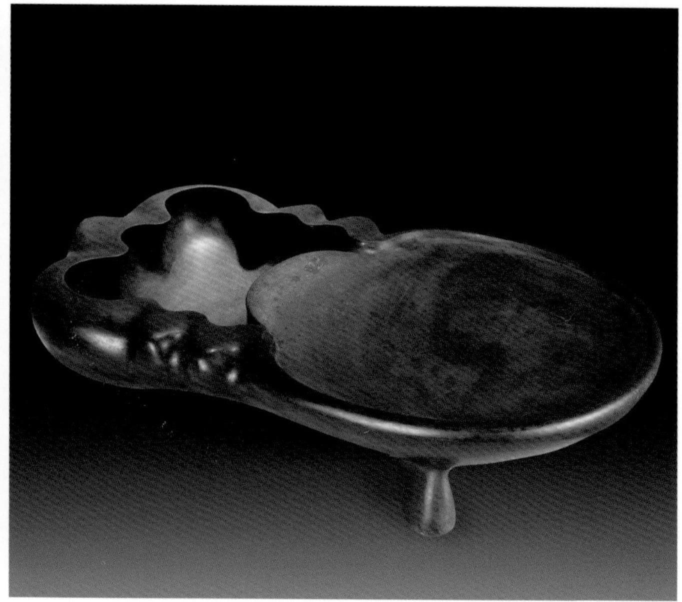

0013 宋 蝉形抄手歙砚
尺寸：长 50.5cm
估价：RMB600,000-800,000
成交价：RMB728,000
2010-11-19 北京华辰

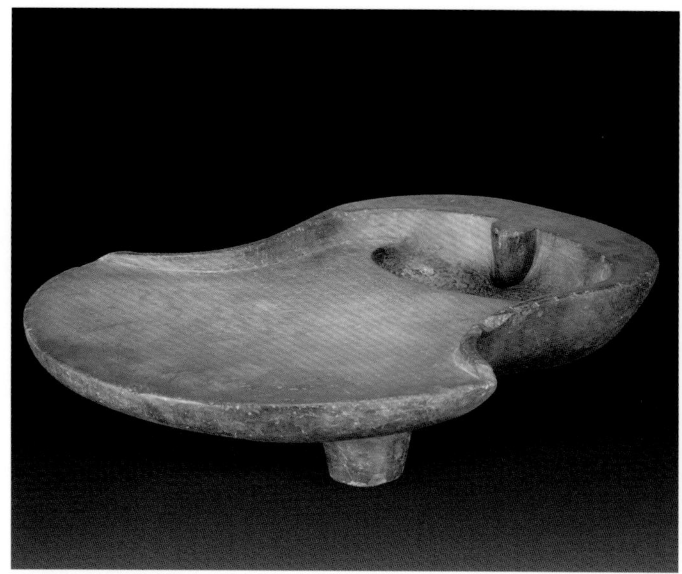

0014 宋 钺形抄手砚
尺寸：长 35cm
估价：RMB600,000-800,000
成交价：RMB672,000
2010-11-19 北京华辰

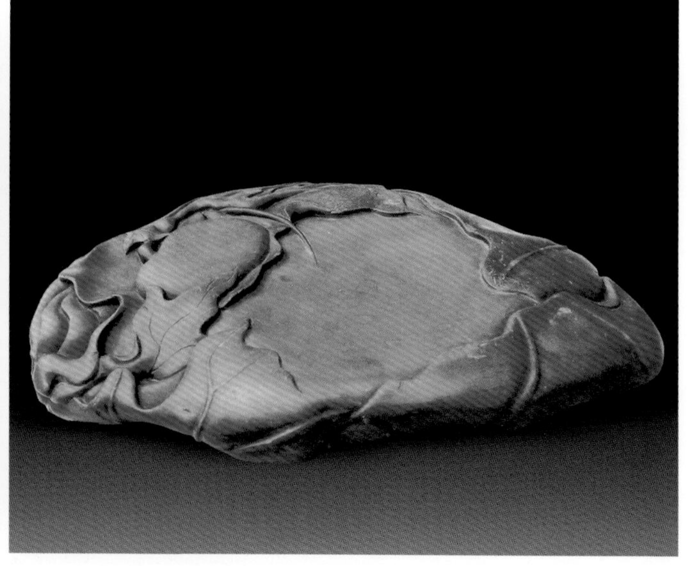

0015 宋 随形雕瓜瓞端砚
尺寸：长 36cm
估价：RMB600,000-800,000
成交价：RMB728,000
2010-11-19 北京华辰

0016 宋 随形抄手歙砚
尺寸：长 32cm
估价：RMB300,000-500,000
成交价：RMB336,000
2010-11-19 北京华辰

0019 明 罗汉纹端砚
尺寸：长 25cm
估价：RMB280,000-380,000
成交价：RMB336,000
2010-11-19 北京华辰

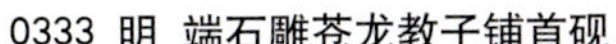

0333 明 端石雕苍龙教子铺首砚
尺寸：长 24.5cm
估价：RMB250,000-280,000
成交价：RMB313,600
2010-12-4 匡时国际

0038 清早期 雕十八罗汉洮河石砚
尺寸：长 25cm
估价：RMB380,000-580,000
成交价：RMB481,600
2010-11-19 北京华辰

3183 清 邢侗、汤贻汾铭张钧衡藏随形端砚
尺寸：18×16×2.4cm
估价：RMB150,000-250,000
成交价：RMB336,000
2010-12-14 杭州西泠

1619 清早期 宋制洮河砚
尺寸：长 19.9cm
估价：RMB120,000-180,000
成交价：RMB582,400
2010-6-6 北京翰海

0039 清早期 洮河石蓬莱砚
尺寸：长 25.5cm
估价：RMB380,000-580,000
成交价：RMB560,000
2010-11-19 北京华辰

0787 清康熙 龙纹松花石砚
尺寸：12.5×8×1.7cm
估价：RMB120,000-120,000
成交价：RMB792,000
2010-5-24 天津文物

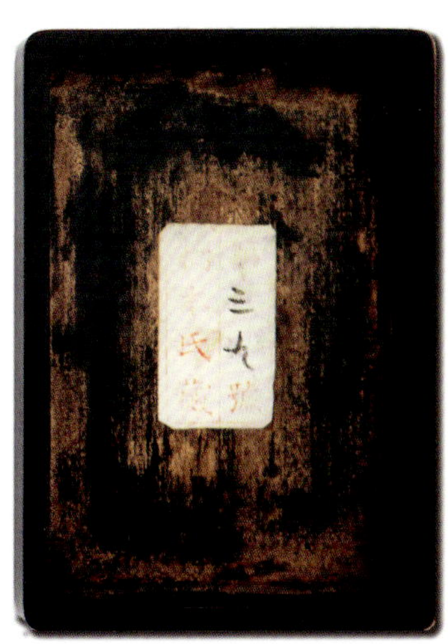

2427 清康熙 御制松花石龙马砚
"以静为用，是以永年"、"康熙宸翰"铭
尺寸：9.9×6.3×1cm
估价：RMB1,600,000–2,600,000
成交价：RMB4,256,000
2010–5–16 中国嘉德

2428 清康熙 御制松花石灵芝砚
"以静为用，是以永年。康熙。御铭"铭
尺寸：14.8×10.5×1.7cm
估价：RMB800,000–1,200,000
成交价：RMB1,008,000
2010–5–16 中国嘉德

2929 清雍正 端石石鼓砚
尺寸：直径 10.6cm
估价：RMB60,000–80,000
成交价：RMB257,600
2010–6–7 北京翰海

0099 清 显亲王诗文砚

尺寸：长 17cm

估价：RMB160,000-260,000

成交价：RMB212,800

2010-11-19 北京华辰

2412 清乾隆 御制宋端石仿唐石渠砚

“石渠唐砚贮西清，赵宋端溪此仿成，虽曰文房聚所好，却因题句辄惭生”、“德充符”、“宜子孙”楷书刻铭并篆印

尺寸：14.3×14×6.8cm

估价：RMB380,000-580,000

成交价：RMB1,344,000

2010-5-16 中国嘉德

0786 清乾隆 仿宋德寿殿犀文端砚

尺寸：12.8×7.3×2cm

估价：RMB50,000-50,000

成交价：RMB429,000

2010-5-24 天津文物

1060 清乾隆 御题仿古石渠端砚

尺寸：13×13×5.5cm

估价：RMB180,000-180,000

成交价：RMB1,001,000

2010-11-21 天津文物

1735 清乾隆 松花石御铭砚
尺寸：长 12cm
估价：RMB68,000-100,000
成交价：RMB2,240,000
2010-12-17 上海朵云轩

3174 清乾隆 御铭仿宋歙器端砚
印文：乾、隆
尺寸：15×9.9×3.2cm
估价：RMB60,000-100,000
成交价：RMB1,568,000
2010-12-14 杭州西泠

2331 清乾隆 御铭仿宋德寿殿犀纹砚
尺寸：14.5×8×2cm
估价：RMB50,000-80,000
成交价：RMB224,000
2010-7-6 杭州西泠

3173 清乾隆 御铭双凤纹松花石砚
铭文：以静为用，是以永年
印文：体元主人 万几余暇
尺寸：14.9×9.9×1.7cm
估价：RMB70,000-120,000
成交价：RMB582,400
2010-12-14 杭州西泠

1066 清乾隆 仿唐观象端砚

尺寸：17.7×11.2×3.5cm

估价：RMB40,000-40,000

成交价：RMB203,500

2010-11-21 天津文物

0745 清乾隆 仿宋御题澄泥玉兔朝元砚

尺寸：直径 12cm

估价：RMB120,000-160,000

成交价：RMB224,000

2011-1-20 北京长风

0912 清乾隆 御制松花石砚

尺寸：长 9.5cm

估价：USD250,000-280,000

成交价：USD386,500

2010-3-25 纽约佳士得

0722 清乾隆或以后 端石刻乾隆御铭仿汉石渠阁瓦砚

尺寸：15.5×7.3×1.7cm

估价：RMB50,000-80,000

成交价：RMB616,000

2010-11-23 北京永乐

0796 清 于敏中铭螭纹尼山砚
尺寸：17.8×10.7×2.6cm
估价：RMB220,000-220,000
成交价：RMB242,000
2010-5-24 天津文物

2293 清 桂馥、张廷济铭玉兔端砚
尺寸：18.3×12.3×2.7cm
估价：RMB180,000-250,000
成交价：RMB280,000
2010-7-6 杭州西泠

2299 清 祁宇、曾燠、黄培芳铭大西洞云纹端砚
尺寸：19.3×11.1×2.3cm
估价：RMB150,000-250,000
成交价：RMB806,400
2010-7-6 杭州西泠

2314 清 林苍岩、黄任铭井田端砚
尺寸：14.8×14.5×5.8cm
估价：RMB180,000-200,000
成交价：RMB201,600
2010-7-6 杭州西泠

3161 清 随形高眼端砚
印文：魏国夫人赵菅
尺寸：16.8×11.8×2.2cm
估价：RMB50,000-80,000
成交价：RMB425,600
2010-12-14 杭州西泠

3213 清 卢葵生制抄手漆砂砚
“葵生”款
尺寸：12×7×3cm
估价：RMB20,000-30,000
成交价：RMB201,600
2010-12-14 杭州西泠

3166 清 太平有象端砚
尺寸：16.3×11.2×1.5cm
估价：RMB30,000-50,000
成交价：RMB246,400
2010-12-14 杭州西泠

0102 清 雕百寿灵芝端砚
尺寸：长 30.5cm
估价：RMB180,000-280,000
成交价：RMB235,200
2010-11-19 北京华辰

3177 清 李鸿章自用梅桩形端砚
印文：一片心；小沧浪亭
尺寸：11.5×14.3×3.3cm
估价：RMB280,000-380,000
成交价：RMB1,904,000
2010-12-14 杭州西泠

3176 清末 吴昌硕、沈石友铭写天籁端砚
尺寸：11.4×10.2×1.8cm
估价：RMB500,000-700,000
成交价：RMB1,008,000
2010-12-14 杭州西泠

2313 清末 吴昌硕铭、沈石友铭石破天惊端砚
尺寸：19×12.5×3.3cm
估价：RMB800,000-1,500,000
成交价：RMB2,352,000
2010-7-6 杭州西泠

3175 清末 吴昌硕、沈石友、萧蜕铭夔龙端砚
尺寸：13.8×8.5×3.3cm
估价：RMB800,000-1,200,000
成交价：RMB2,464,000
2010-12-14 杭州西泠

3186 谢稚柳画、白书章刻、陈奇藏浅刻梅花老坑端砚
尺寸：19.2×12.9×2.1cm
估价：RMB80,000-120,000
成交价：RMB280,000
2010-12-14 杭州西泠

2301 陆俨少铭、白书章、刘硕识刻、李铁民制、李研吾自用夔龙纹长方端砚
尺寸：22.7×18.8×3.6cm
估价：RMB120,000-180,000
成交价：RMB280,000
2010-7-6 杭州西泠

3189 程十发画、沈觉初刻魏文伯自用云蝠纹老坑端砚
尺寸：24.5×16.3×2.3cm
估价：RMB120,000-180,000
成交价：RMB448,000
2010-12-14 杭州西泠

1620 端石素池随形砚
尺寸：长 19cm
估价：RMB150,000-200,000
成交价：RMB728,000
2010-6-6 北京翰海

0810 清 汪士慎款梅花诗文端石水洗
尺寸：13.4×9.5×4.3cm
估价：RMB50,000-80,000
成交价：RMB134,400
2010-11-19 北京歌德

2423 清 《独占鳌头》鎏金珐琅铜笔格
尺寸：宽 17.4cm；深 3.8cm；高 11.5cm
估价：RMB480,000-680,000
成交价：RMB1,008,000
2010-5-16 中国嘉德

2432 清初 《马上封侯》竹笔格
尺寸：长 6cm；宽 4.2cm；高 4.8cm
估价：RMB220,000-280,000
成交价：RMB683,200
2010-5-16 中国嘉德

0860 清 顾文彬藏杜士元制寿山石如意螭纹笔格
尺寸：长 13cm
估价：RMB38,000-38,000
成交价：RMB253,000
2010-5-24 天津文物

2290 清乾隆 御题“泽古怡情”描金双龙长方墨盒

尺寸：36.7×26.8×6.2cm

估价：RMB2,000,000–3,000,000

成交价：RMB2,240,000

2010–11–21 中国嘉德

2429 清乾隆 御制紫檀雕云龙文具盒

尺寸：43.5×30.3×10cm

估价：RMB1,600,000–2,600,000

成交价：RMB2,240,000

2010–5–16 中国嘉德

2422 清 紫檀百宝嵌花鸟盒

尺寸：24.2×14.4×10cm

估价：RMB180,000–200,000

成交价：RMB246,400

2010–7–6 杭州西泠

0733 明晚期 紫檀嵌银丝《狩猎图》盖盒
尺寸：13.5×10.5×6.5cm
估价：RMB180,000–220,000
成交价：RMB280,000
2011–1–20 北京长风

0649 清早期 黄花梨木百宝嵌《双鹿图》香盒
尺寸：直径 9.2cm
估价：RMB30,000–40,000
成交价：RMB750,400
2010–5–18 北京永乐

2714 清 灵璧供石
尺寸：高 31.8cm
估价：RMB80,000–120,000
成交价：RMB448,000
2010–12–14 杭州西泠

2700 清 英石山子摆件
尺寸：71×42×49cm
估价：RMB80,000–150,000
成交价：RMB302,400
2010–7–17 中贸圣佳

2243 东汉 龚心钊旧藏“关内侯”金印

尺寸：2.5×2.5×2.3cm

估价：RMB400,000-600,000

成交价：RMB4,480,000

2010-11-21 中国嘉德

6716 晋 晋归义羌侯金印

尺寸：2.1×2.1×2.5cm

估价：RMB350,000-500,000

成交价：RMB918,400

2010-11-14 中国嘉德

1969 清 钱松刻青田石范守知自用印

印文：范氏扈庵

边款：乙卯八月十六日，冒雨游山薄暮而归，明日话雨轩有约，即夕成此，叔盖刻。

尺寸：1.5×1.5×5.8cm

估价：RMB30,000-40,000

成交价：RMB3,808,000

2010-7-5 杭州西泠

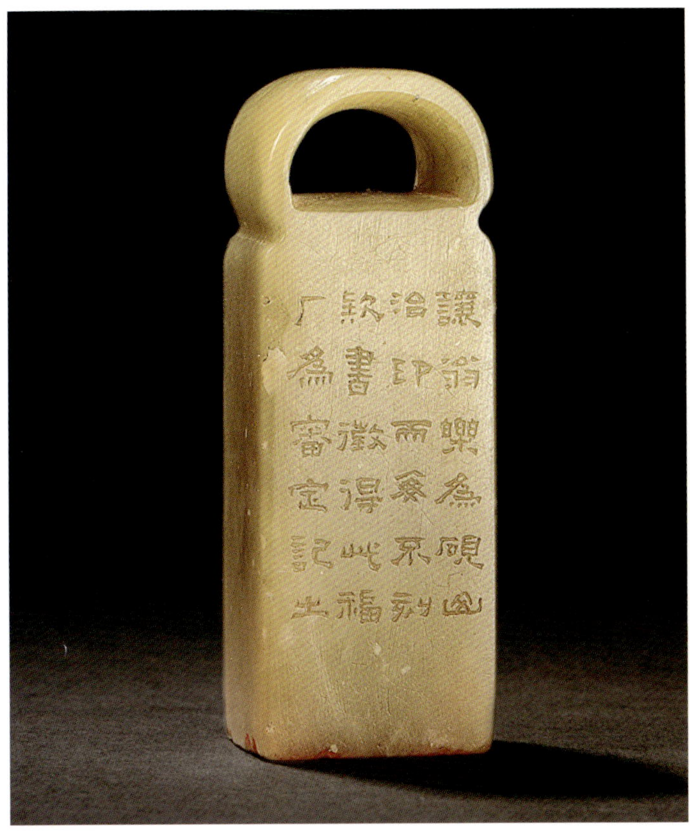

0662 清 吴让之刻青田石汪鋆自用印
尺寸：1.8×1.4×5.2cm
估价：RMB80,000−120,000
成交价：RMB470,400
2010−12−11 杭州西泠

0665 清 吴让之刻白高山石张树伯自用印
尺寸：2.2×2.2×4.5cm
估价：RMB80,000−120,000
成交价：RMB336,000
2010−12−11 杭州西泠

0676 清 赵之琛刻青田石章
尺寸：1.8×1.8×3.4cm
估价：RMB50,000−70,000
成交价：RMB134,400
2010−12−11 杭州西泠

0677 清 陈鸿寿刻青田石章
尺寸：1.5×1.5×4cm
估价：RMB30,000−50,000
成交价：RMB156,800
2010−12−11 杭州西泠

0669 清 徐三庚刻青田石汪鸣皋自用印
尺寸：2.6×2.6×6.3cm
估价：RMB80,000−100,000
成交价：RMB392,000
2010−12−11 杭州西泠

0671 清 徐三庚刻青田石章

尺寸：2.9×3×4.9cm

估价：RMB50,000–70,000

成交价：RMB201,600

2010–12–11 杭州西泠

0666 清 赵之谦刻寿山石自用印

尺寸：1.1×1×2cm

估价：RMB120,000–150,000

成交价：RMB806,400

2010–12–11 杭州西泠

0667 清 赵之谦刻青田石自用印

尺寸：1.6×1.6×2.6cm

估价：RMB120,000–150,000

成交价：RMB795,200

2010–12–11 杭州西泠

0843 清 梁垣光款狮钮青田对章

尺寸：高 6cm

估价：RMB35,000–35,000

成交价：RMB209,000

2010–5–24 天津文物

1108 清 寿山石辟邪钮章
尺寸：高 4.5cm
估价：RMB15,000-15,000
成交价：RMB220,000
2010-11-21 天津文物

2071 清 黄士陵刻艾叶绿石闲章
印文：长年
尺寸：4.2×2.3×7.9cm
估价：RMB90,000-120,000
成交价：RMB168,000
2010-7-5 杭州西泠

2056 清末 吴昌硕刻螭钮杜陵石赵叔孺自用印
印文：纫苌藏器
边款：苦铁凿于沪，吴俊。
尺寸：2.1×2.1×4.6cm
估价：RMB60,000-80,000
成交价：RMB358,400
2010-7-5 杭州西泠

0661 清末 吴昌硕刻青田石蒋汝藻自用印
印文：孟蘋鉴藏
边款：老缶所凿
尺寸：2.3×1.5×3.3cm
估价：RMB100,000-150,000
成交价：RMB403,200
2010-12-11 杭州西泠

1991 清末 吴昌硕刻寿山石对章
印文：[illegible]londeng、李瑞奇印
尺寸：2.5×2.5×4.5cm×2
估价：RMB20,000-30,000
成交价：RMB1,456,000
2010-7-5 杭州西泠

2049 清末 吴昌硕刻 寿山石李国芝自用印
印文：合肥李国芝瑞九信印
尺寸：3.8×3.8×8cm
估价：RMB150,000-200,000
成交价：RMB504,000
2010-7-5 杭州西泠

2054 清末 吴昌硕刻 寿山石李国松自用印
印文：木公
边款：健翁索刻，缶。
尺寸：1.4×1.4×3.1cm
估价：RMB60,000-80,000
成交价：RMB201,600
2010-7-5 杭州西泠

0659 清末 吴昌硕刻、汝奇雕 李国松自用寿山石云纹薄意闲章
尺寸：1.9×1.6×5.3cm
估价：RMB150,000-250,000
成交价：RMB1,030,400
2010-12-11 杭州西泠

0658 清末 吴昌硕刻 寿山冻石闲章
印文：静观堂
边款：甲寅秋，老缶
尺寸：2.5×1.3×5.5cm
估价：RMB100,000-150,000
成交价：RMB425,600
2010-12-11 杭州西泠

0656 清末 吴昌硕刻三彩杜陵石王仁东自用闲章
印文：此中有真意
边款：光绪戊戌暮春，勖庄先生令刻，昌硕记
尺寸：3.8×1×4.2cm
估价：RMB120,000-180,000
成交价：RMB672,000
2010-12-11 杭州西泠

2048 清末 吴昌硕刻 瑞兽钮白芙蓉石李国芝自用印
印文：滋园
尺寸：4.1×2.1×5.6cm
估价：RMB80,000-100,000
成交价：RMB560,000
2010-7-5 杭州西泠

0660 清末 吴昌硕刻 白芙蓉石闵尔昌自用螭钮印
尺寸：3.3×2.3×5.3cm
估价：RMB80,000-120,000
成交价：RMB728,000
2010-12-11 杭州西泠

0734 齐白石刻张镇将军自用白芙蓉石狮钮方章

印文：武陵人张镇字真夫
边款：白石老人丙戌
尺寸：2.6×2.6×7.3cm
估价：RMB80,000-100,000
成交价：RMB112,000
2010-11-23 北京永乐

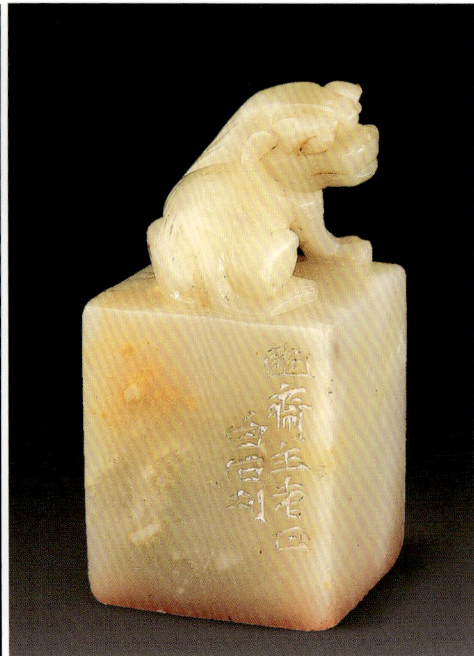

2250 齐白石刻白芙蓉石章

印文：天隐居士
边款：幽斋主者正，白石刊
尺寸：2.8×2.8×5.5cm
估价：RMB90,000-150,000
成交价：RMB145,600
2010-6-30 上海朵云轩

0646 齐白石刻寿山石兽钮章

印文：勇
边款：白石
尺寸：1.5×1.5×4.2cm
估价：RMB80,000-120,000
成交价：RMB268,800
2010-12-11 杭州西泠

0645 齐白石刻寿山石龙钮闲章

印文：寒雨山房
边款：白石
尺寸：2.6×2.6×5cm
估价：RMB100,000-150,000
成交价：RMB347,200
2010-12-11 杭州西泠

2252 齐白石刻白芙蓉石方章

印文：晋斋
边款：白石山翁
尺寸：2.4×2.4×6cm
估价：RMB140,000-180,000
成交价：RMB156,800
2010-6-30 上海朵云轩

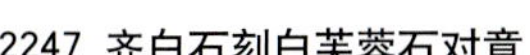

2247 齐白石刻白芙蓉石对章
印文：清白家风；杨粲三
边款：白石；白石
尺寸：2.8×2.8×5cm×2
估价：RMB400,000-600,000
成交价：RMB403,200
2010-6-30 上海朵云轩

2248 齐白石刻白芙蓉石大对章
印文：钱大钧印；慕尹
边款：白石；白石
尺寸：4×4×8.5cm×2
估价：RMB800,000-1,200,000
成交价：RMB1,400,000
2010-6-30 上海朵云轩

1952 齐白石刻芙蓉石叶浅予自用印（一对）
印文：叶氏藏；叶浅予
边款：白石；白石
尺寸：3.1×3.1×8.3cm×2
估价：RMB80,000-120,000
成交价：RMB358,400
2010-7-5 杭州西泠

2251 齐白石刻白芙蓉石章（二方）
尺寸：尺寸不一
印文：沙园；余舒之印
边款：丙子，沙园兄，齐璜；沙园君正，丙子白石
估价：RMB300,000-500,000
成交价：RMB302,400
2010-6-30 上海朵云轩

1462 民国 林清卿雕花卉薄章对章
尺寸：1.7×1.7×10.2cm×2
估价：RMB30,000-50,000
成交价：RMB616,000
2010-12-17 上海朵云轩

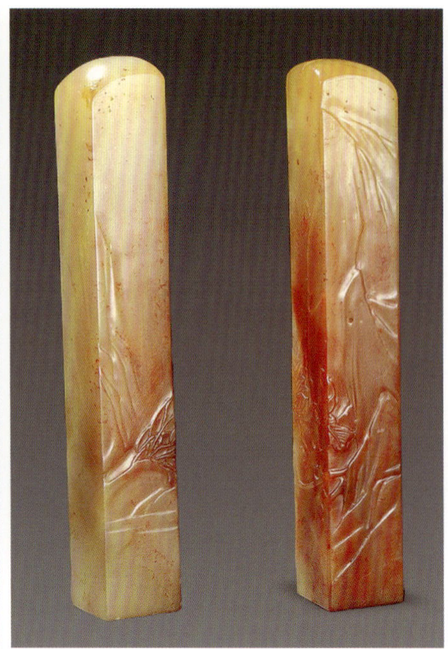

0824 民国 林清卿雕寿山高山石菊花海棠薄意对章
尺寸：0.9×0.9×9.1cm×2
估价：RMB400,000-600,000
成交价：RMB448,000
2010-12-11 杭州西泠

0826 民国 林清卿刻坑头田薄意章
重量：100克
估价：RMB120,000-120,000
成交价：RMB132,000
2010-5-24 天津文物

0633 周节之藏、王禔刻青田石叶希明自用对章
尺寸：3×3×5.3cm×2
估价：RMB50,000-80,000
成交价：RMB336,000
2010-12-11 杭州西泠

2026 沙孟海刻青田石周信芳自用闲章
印文：地上麒麟
尺寸：1.8×1.8×4.2cm
估价：RMB30,000-50,000
成交价：RMB201,600
2010-7-5 杭州西泠

0727 陈巨来、赵叔孺、费龙丁刻寿山白芙蓉石张仲英自用印（六方）

尺寸：2.2×2.2×3.6cm；4.2×2.5×4.3cm；1.9×1.9×4.1cm；2.2×2.2×5cm；2.8×1.8×6cm；2.3×2.3×5.3cm

估价：RMB90,000-120,000

成交价：RMB392,000

2010-12-11 杭州西泠

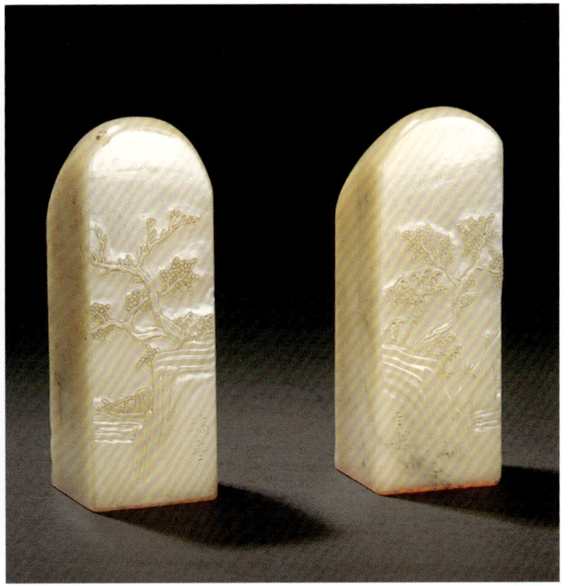

0630 陈巨来刻寿山高山石山水薄意对章

印文：大音希声；大象无形

边款：墒斋；巨来

尺寸：2.3×2.3×6.7cm×2

估价：RMB30,000-50,000

成交价：RMB156,800

2010-12-11 杭州西泠

2034 傅抱石刻寿山石章（三方）

印文：崇明院西；增益之印；院西增益珍藏印

尺寸：1.5×1.5×6.9cm；2×2.1×6.4cm；1.4×1.4×8.9cm

估价：RMB80,000-120,000

成交价：RMB123,200

2010-7-5 杭州西泠

0638 傅抱石为熊式辉刻寿山石双狮钮印、鸡血石随形印

印文：怀佳人兮不能忘、熊天翼印

尺寸：2.4×2.4×6.8cm；1.7×1.6×6.1cm

估价：RMB35,000-45,000

成交价：RMB369,600

2010-5-18 北京永乐

0852 商 公元前 12 世纪 青铜鬲
尺寸：高 21cm
估价：咨询价
成交价：USD2,154,500
2010-9-16 纽约佳士得

0822 商晚期 公元前12至11世纪 青铜方彝

尺寸：高 28.5cm

估价：咨询价

成交价：USD3,330,500

2010-9-16 纽约佳士得

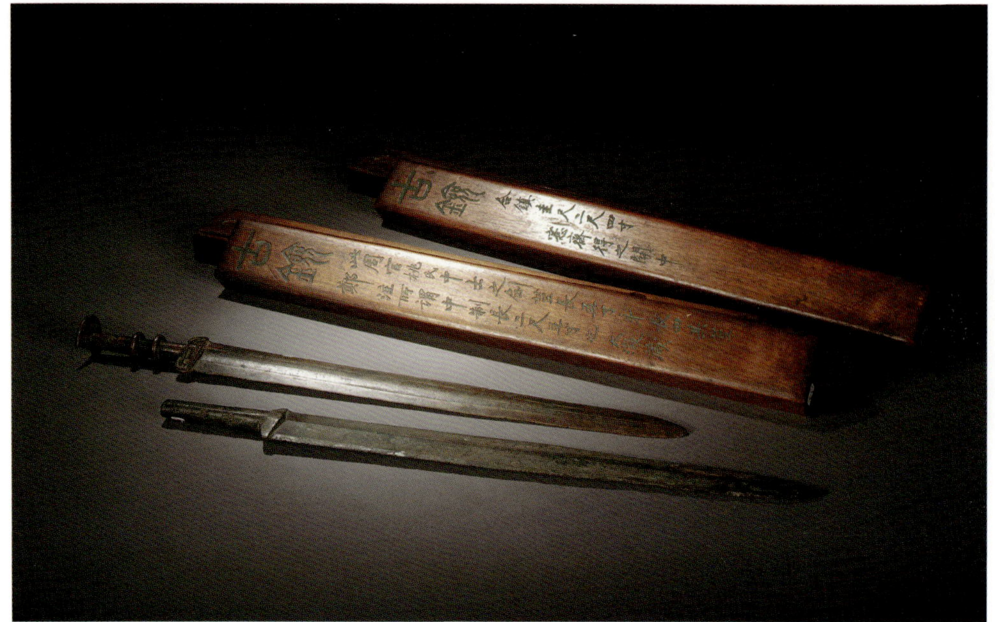

2745 春秋晚期 吴大澂藏青铜剑（两把）

尺寸：长 47.6cm；长 48.1cm

估价：RMB150,000-200,000

成交价：RMB560,000

2010-12-14 杭州西泠

2539 明 阿拉伯文炉瓶盒

“正德年制”款

尺寸：炉高 12.5cm、口径 15.3cm；瓶高 14cm、口径 5.5cm、足径 5.3cm；盒高 6.3cm、口径 11.6cm

估价：RMB600,000-800,000

成交价：RMB1,008,000

2010-7-6 杭州西泠

2659 明 阿拉伯文炉瓶盒

尺寸：炉高 12cm、口径 3.1cm；瓶高 16.5cm、口径 4.6cm、足径 5.3cm；盒高 3.8cm、口径 10cm

估价：RMB800,000-1,200,000

成交价：RMB1,120,000

2010-12-14 杭州西泠

2421 明正德 回文铜石榴缾

尺寸：高 16.9cm

估价：RMB60,000–100,000

成交价：RMB649,600

2010-5-16 中国嘉德

2791 清乾隆 仿古凤耳瓶

“大清乾隆年制”款

尺寸：通高 54cm

估价：RMB350,000–450,000

成交价：RMB560,000

2010-7-6 杭州西泠

3253 清 乾隆年制款铜瑞兽摆件（一对）

尺寸：高 46cm

估价：RMB80,000–120,000

成交价：RMB840,000

2010-11-22 中国嘉德

2036 清乾隆 铜鎏金龙纹双联瓶

尺寸：高 16cm

估价：RMB220,000–280,000

成交价：RMB246,400

2010-6-30 上海朵云轩

2968 清乾隆 鎏金錾花镶翠吉祥如意

尺寸：长 48cm

估价：RMB3,800,000–4,800,000

成交价：RMB5,040,000

2010–6–7 北京翰海

3062 清 铜鎏金鲨皮鞘刀

尺寸：长 120cm

估价：RMB80,000–120,000

成交价：RMB2,800,000

2010–11–22 中国嘉德

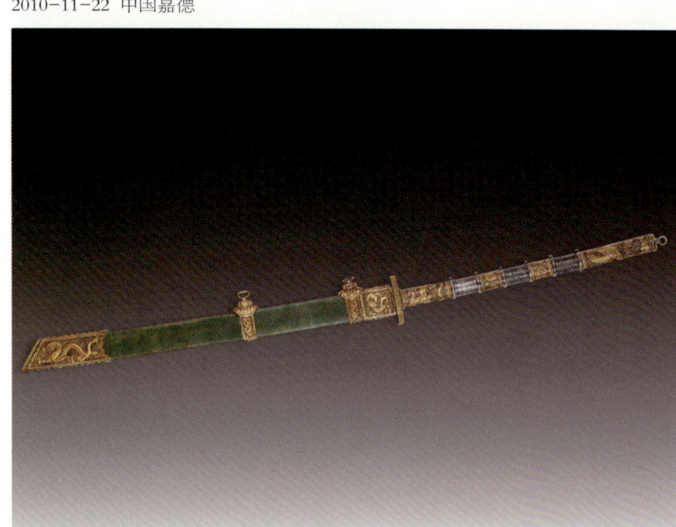

2333 清乾隆 铜鎏金鸾翎仪扇

尺寸：高 54.6cm

估价：RMB1,200,000–1,500,000

成交价：RMB1,568,000

2010–12–11 北京翰海

3075 清嘉庆 铜仙鹤香熏（两件）

尺寸：高 96cm

估价：RMB200,000–250,000

成交价：RMB627,200

2010–6–7 北京翰海

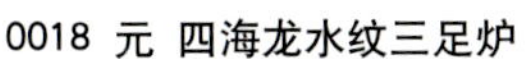

0018 元 四海龙水纹三足炉
尺寸：高 7.5cm；口径 13cm
估价：RMB800,000-1,000,000
成交价：RMB1,064,000
2010-12-4 匡时国际

0982 明早期 铜双龙耳簋式炉
“大明宣德年制”楷书款
尺寸：高 7.8cm；长 20cm
估价：RMB400,000-500,000
成交价：RMB470,400
2010-6-22 北京长风

2535 明 压经炉
“秋月”款
尺寸：高 5.7cm；口径 10.5cm
估价：RMB250,000-280,000
成交价：RMB336,000
2010-7-6 杭州西泠

2542 明 项子京宝玩鎏金戟耳炉
“项子京宝藏”款
尺寸：高 10.3cm；口径 13.5cm
估价：RMB600,000-800,000
成交价：RMB1,545,600
2010-7-6 杭州西泠

2430 明 鎏金铺兽首衔环钵盂式铜炉连座

“宣德”篆书款

尺寸：直径 18cm；高 14.6cm

估价：RMB1,200,000-1,600,000

成交价：RMB3,024,000

2010-5-16 中国嘉德

1033 明晚期 洒金蚰耳铜香炉

“大明宣德年制”款

尺寸：直径 25.5cm

估价：RMB450,000-650,000

成交价：RMB537,600

2010-11-14 北京荣宝

0255 明 胡文明制铜鎏金海水八宝龙纹双兽耳炉

尺寸：直径 25cm

估价：RMB250,000-300,000

成交价：RMB313,600

2010-12-4 匡时国际

0772 明末清初 胡光宇制铜鎏金锦地海兽纹簋式炉

“云间胡文明男光宇制”篆书款

尺寸：通耳长 16cm

估价：RMB30,000-50,000

成交价：RMB470,400

2010-11-23 北京永乐

1036 明晚期 铜鎏金雕寿星人物嵌银丝炉

"宣德"款

尺寸：直径 18.5cm

估价：RMB500,000-700,000

成交价：RMB560,000

2010-11-14 北京荣宝

2515 明末 石叟款嵌银丝马槽炉

"石叟"款

尺寸：高 8.3cm；口径 13×8.5cm；底径 11.8×7.2cm

估价：RMB100,000-150,000

成交价：RMB112,000

2010-7-6 杭州西泠

0227 16-17 世纪 夔龙方耳点金簋式炉

尺寸：长 13cm

估价：RMB400,000-500,000

成交价：RMB1,052,800

2010-12-4 匡时国际

0776 明晚期 铜鎏金龙凤海兽纹熏炉

"仁寿宫"篆书款

尺寸：高 15.5cm

估价：RMB180,000-220,000

成交价：RMB201,600

2010-11-23 北京永乐

0019 明崇祯 冲天耳金片三足炉

"崇祯壬午冬月青来监造"款

尺寸：耳高 10.3cm；口高 8cm；口径 12cm

估价：RMB3,800,000-4,500,000

成交价：RMB15,120,000

2010-12-4 匡时国际

0020 明末清初 戟耳炉
“孟博氏”款
尺寸：高 7.3cm；口径 10.7cm
估价：RMB1,000,000–1,200,000
成交价：RMB5,824,000
2010–12–4 匡时国际

0007 明末清初 大鬲炉
“玉堂清玩”款
尺寸：高 9.9cm；口径 22.2cm
估价：RMB2,600,000–2,800,000
成交价：RMB6,160,000
2010–12–4 匡时国际

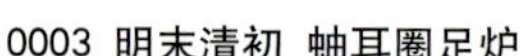

0003 明末清初 蚰耳圈足炉
“玉堂清玩”款
尺寸：高 6cm；口径 10.5cm
估价：RMB600,000-800,000
成交价：RMB2,016,000
2010-12-4 匡时国际

2652 清早期 松雪斋珍蚰耳炉
“松雪斋珍”款
尺寸：直径 16.6cm；高 5.6cm；口径 11.7cm
估价：RMB120,000-180,000
成交价：RMB358,400
2010-12-14 杭州西泠

0225 17 世纪 铜桥耳炉
尺寸：直径 19cm
估价：RMB350,000-400,000
成交价：RMB425,600
2010-12-4 匡时国际

0784 清早期 铜洒金桥形耳三足扁炉
“大明宣德年工部臣吴邦佐制”楷书款
尺寸：直径 20cm
估价：RMB100,000-120,000
成交价：RMB515,200
2010-11-23 北京永乐

0723 清早期 铜弦纹狮耳炉
"大明宣德年制"楷书款
尺寸：通耳长 16.3cm
估价：RMB130,000–150,000
成交价：RMB291,200
2010–5–18 北京永乐

0724 清早期 铜阿拉伯文三足炉
"修古式"篆书款
尺寸：高 33cm
估价：RMB150,000–200,000
成交价：RMB358,400
2010–5–18 北京永乐

3081 清早期 铜钵式炉
"大明宣德年制"楷书款
尺寸：高 7.2cm
估价：RMB100,000–150,000
成交价：RMB896,000
2010–12–12 北京翰海

0769 清康熙 铜万寿无疆款三足筒式炉
"康熙六十年制"款
尺寸：直径 11cm
估价：RMB350,000–450,000
成交价：RMB728,000
2011–1–20 北京长风

0778 清早期 铜洒金冲天耳炉

“大明宣德年制”楷书款

尺寸：宽 14cm

估价：RMB150,000-200,000

成交价：RMB291,200

2010-11-23 北京永乐

0779 清早期 铜点金夔龙耳簋式炉

“大明宣德年制”楷书款

尺寸：通耳长 19cm

估价：RMB150,000-180,000

成交价：RMB246,400

2010-11-23 北京永乐

0783 清早期 铜蚰龙耳簋式炉

“宝鼎”篆书款

尺寸：通耳长 18.3cm

估价：RMB200,000-300,000

成交价：RMB873,600

2010-11-23 北京永乐

2560 清早期 铜鬲式三足炉

“宣德年制”篆书款

尺寸：高 10.1cm

估价：RMB280,000-300,000

成交价：RMB291,200

2010-6-7 北京翰海

0016 清康熙 马槽炉

"大清康熙年制燕台施氏精造"款

尺寸：高 8.6cm；口径 14×10.4cm

估价：RMB1,800,000-2,200,000

成交价：RMB14,560,000

2010-12-4 匡时国际

3078 清康熙 铜双耳三足炉

"大清康熙年制"楷书款
尺寸：高 9.5cm
估价：RMB80,000-120,000
成交价：RMB459,200
2010-12-12 北京翰海

0767 清康熙 蚰耳铜炉

"康熙六十年制"楷书款
尺寸：直径 17.5cm
估价：RMB120,000-120,000
成交价：RMB693,000
2010-5-24 天津文物

2864 清康熙 铜錾开光海水龙凤铺耳炉

"永宝珍玩"篆书款、炉里"康熙年制"楷书款
尺寸：高 12.2cm
估价：RMB380,000-480,000
成交价：RMB537,600
2010-6-7 北京翰海

2658 清早期 正德款阿拉伯文鬲式炉

"大明正德年制"款
尺寸：高 7.9cm；口径 13.7cm
估价：RMB250,000-350,000
成交价：RMB996,800
2010-12-14 杭州西泠

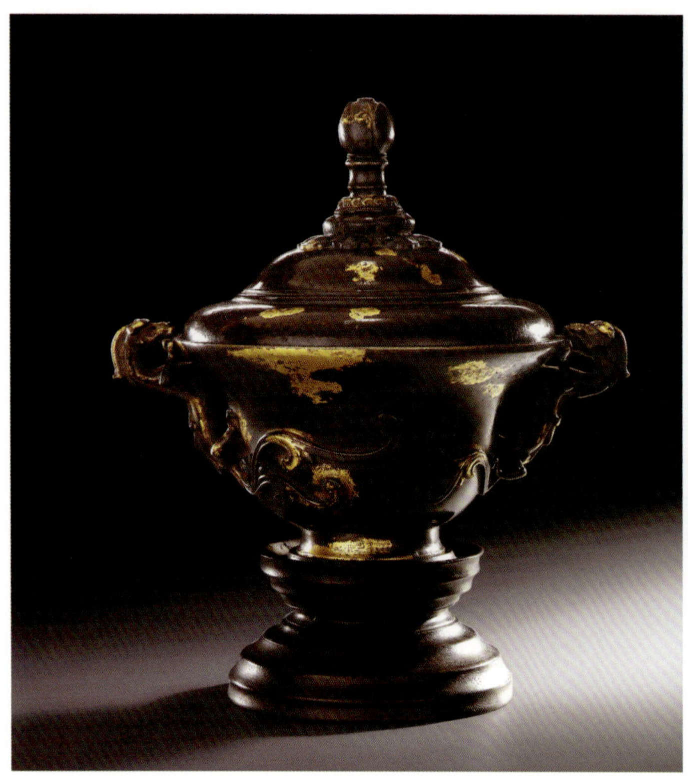

2106 清乾隆 铜洒金螭龙炉
"乾隆年制"篆书款
尺寸：高 19cm
估价：RMB800,000–1,200,000
成交价：RMB2,016,000
2010–11–20 中国嘉德

0078 清乾隆 铜鎏金錾花嵌玉、松石、珊瑚三足大香炉
尺寸：长 55cm
估价：RMB800,000–1,000,000
成交价：RMB2,800,000
2010–12–4 匡时国际

0006 清乾隆 蚰耳圈足炉
"大清乾隆年制"款
尺寸：高 3.4cm；口径 7.2cm
估价：RMB800,000–1,000,000
成交价：RMB3,472,000
2010–12–4 匡时国际

0786 清中期 铜双耳连座压经炉
"宣德"款
尺寸：通耳长 16cm
估价：RMB80,000–100,000
成交价：RMB358,400
2010–11–23 北京永乐

3080 清中期 铜三足炉
"玉堂清玩"篆书款
尺寸：高 5.5cm
估价：RMB150,000-200,000
成交价：RMB616,000
2010-12-12 北京翰海

0787 清中期 铜鬲式炉
"宣德年制"篆书款
尺寸：宽 18cm
估价：RMB250,000-300,000
成交价：RMB448,000
2010-11-23 北京永乐

2466 清 桥耳洒金铜香炉
"天华浩雨"款
尺寸：高 16.5cm；径 23cm
估价：RMB180,000-200,000
成交价：RMB235,200
2010-7-6 杭州西泠

0721 清中期 铜朝天耳三足炉
"陈丞秋"款
尺寸：宽 11cm
估价：RMB50,000-70,000
成交价：RMB324,800
2010-5-18 北京永乐

3015 清中期 铜鼎式双耳三足炉
“宣德年制”篆书款
尺寸：高 26cm
估价：RMB60,000–80,000
成交价：RMB369,600
2010–6–7 北京翰海

2862 清中期 铜双耳三足炉
“大明宣德年制”楷书款
尺寸：高 6.5cm
估价：RMB90,000–120,000
成交价：RMB403,200
2010–6–7 北京翰海

0012 清道光 冲天耳三足炉
“道光丁未邱定府行有恒堂造”款
尺寸：通耳高 8.1cm；口高 6cm；口径 11.8cm
估价：RMB1,000,000–1,200,000
成交价：RMB5,936,000
2010–12–4 匡时国际

3098 清中期 铜海水云龙纹炉
"大明宣德年制"楷书款
尺寸：高 10.3cm
估价：RMB260,000–320,000
成交价：RMB537,600
2010–12–12 北京翰海

2513 清 朱和侯制马槽炉
"大清辛酉季夏，会稽朱和侯制"款
尺寸：高 6.4cm；口径 10.6×7.8cm
估价：RMB130,000–150,000
成交价：RMB425,600
2010–7–6 杭州西泠

2532 清 兽钮铜香薰炉
"宗甫"款
尺寸：高 13.7cm；口径 6.3cm
估价：RMB250,000–280,000
成交价：RMB313,600
2010–7–6 杭州西泠

0004 清 马槽炉
"湛氏之炉"款
尺寸：高 7.2cm；口径 10.6×8.5cm
估价：RMB1,000,000–1,200,000
成交价：RMB2,800,000
2010–12–4 匡时国际

3097 清道光 铜鱼耳炉
"道光丁未秋定府行有恒堂造"楷书款
尺寸：高 8.7cm
估价：RMB200,000–300,000
成交价：RMB324,800
2010–12–12 北京翰海

2630 清 雪花金压经炉
"宣德年制"款
尺寸：高 5.2cm；口径 10.2cm
估价：RMB150,000–200,000
成交价：RMB336,000
2010–12–14 杭州西泠

2654 清 乐琴书以消忧款桥耳炉
"乐琴书以消忧"款
尺寸：高 7.5cm；口径 16.2cm；直径 19cm
估价：RMB250,000–350,000
成交价：RMB470,400
2010–12–14 杭州西泠

0002 清 "大明宣德年制"蚰耳圈足炉
"大明宣德年制"款
尺寸：口高 7.2cm；口径 11.8cm
估价：RMB600,000–800,000
成交价：RMB1,736,000
2010–12–4 匡时国际

0001 清 “在公家藏”鬲炉
“在公家藏”款
尺寸：高 6.8cm；口径 14cm
估价：RMB700,000–900,000
成交价：RMB2,240,000
2010–12–4 匡时国际

0005 清 冲天耳三足炉
“弟子刘起龙造”款
尺寸：通耳高 7.5cm；口高 5.8cm；口径 11.7cm
估价：RMB500,000–600,000
成交价：RMB1,904,000
2010–12–4 匡时国际

0010 清 “大明宣德年制”冲天耳三足炉
“大明宣德年制”款
尺寸：通耳高 8.9cm；口高 7.2cm；口径 14cm
估价：RMB600,000–700,000
成交价：RMB3,136,000
2010–12–4 匡时国际

0008 清 戟耳炉
“献贤氏藏”款
尺寸：高 6.2cm；口径 8.9cm
估价：RMB600,000–800,000
成交价：RMB2,912,000
2010–12–4 匡时国际

0013 清 蚰耳圈足炉
尺寸：高 6cm；口径 11.5cm
估价：RMB800,000–1,000,000
成交价：RMB2,352,000
2010–12–4 匡时国际

0011 清 鬲炉
“李曲江制”款
尺寸：高 6.5cm；口径 13.4cm
估价：RMB800,000–1,000,000
成交价：RMB4,704,000
2010–12–4 匡时国际

0014 清 冲天耳三足炉
"莫臣氏"款
尺寸：通耳高 8.6；口高 6.4cm；口径 11.6cm
估价：RMB800,000-1,000,000
成交价：RMB6,944,000
2010-12-4 匡时国际

0017 清 冲天耳三足炉
"奕世流芳"款
尺寸：通耳高 9.6cm；口高 6.8cm；口径 13.2cm
估价：RMB600,000-800,000
成交价：RMB3,136,000
2010-12-4 匡时国际

0004 明 黄花梨圆包圆大画桌
尺寸：176.5×65×84cm
估价：RMB3,200,000–4,800,000
成交价：RMB3,472,000
2010–12–12 南京正大

0008 明 黄花梨独板架几案
尺寸：277×54.5×77.3cm
估价：咨询价
成交价：RMB21,280,000
2010–12–12 南京正大

0015 明 黄花梨卡子花大画桌
尺寸：210×55×86cm
估价：RMB1,900,000–3,900,000
成交价：RMB2,240,000
2010–12–12 南京正大

0022 清 紫檀大画桌

尺寸：176×82×84cm

估价：RMB1,600,000–2,600,000

成交价：RMB2,712,000

2010–1–17 南京正大

0024 清乾隆 紫檀雕夔龙纹大画桌

尺寸：225×70.5×90cm

估价：咨询价

成交价：RMB23,520,000

2010–12–12 南京正大

2639 清早期 黄花梨有束腰大画案

尺寸：86×178×82cm

估价：RMB2,600,000–3,600,000

成交价：RMB6,272,000

2010–11–21 中国嘉德

0095 明 黄花梨大翘头案
尺寸：392.5×50×92.2cm
估价：RMB2,600,000–6,000,000
成交价：RMB4,816,000
2010–5–23 南京正大

0010 明 黄花梨雕龙纹大翘头案
尺寸：300×58.5×93.5cm
估价：RMB3,800,000–8,800,000
成交价：RMB5,320,000
2010–12–12 南京正大

2619 清早期 黄花梨独板雕龙翘香炉腿头案
尺寸：91×234×43cm
估价：RMB3,800,000–4,800,000
成交价：RMB5,936,000
2010–11–21 中国嘉德

2638 清早期 黄花梨独板龙纹翘头案
尺寸：83×218×46cm
估价：RMB3,800,000-4,800,000
成交价：RMB4,256,000
2010-11-21 中国嘉德

0009 明 黄花梨圆腿素工平头案
尺寸：207.5×50×81.5cm
估价：RMB1,260,000-1,760,000
成交价：RMB1,512,000
2010-12-12 南京正大

0923 清早期 紫檀翘头案
尺寸：140×37×84cm
估价：RMB800,000-1,200,000
成交价：RMB896,000
2010-11-19 北京歌德

2604 明 黄花梨雕凤纹小平头案
尺寸：80×118×49cm
估价：RMB700,000–1,200,000
成交价：RMB1,848,000
2010–11–21 中国嘉德

2648 明 黄花梨小圆腿平头案
尺寸：79×133×45cm
估价：RMB500,000–800,000
成交价：RMB1,456,000
2010–11–21 中国嘉德

0005 清 黄花梨镶竹万字纹平头案
尺寸：158.5×53×81cm
估价：RMB1,760,000–2,260,000
成交价：RMB2,128,000
2010–12–12 南京正大

0026 清 黄花梨镶紫檀卷云纹平头案
尺寸：208×62×83.5cm
估价：RMB980,000–1,380,000
成交价：RMB2,016,000
2010–12–12 南京正大

0011 清 红木拐子纹大平头案
尺寸：325.5×51×110.5cm
估价：RMB1,360,000—1,660,000
成交价：RMB1,695,000
2010—1—17 南京正大

2597 明 黄花梨无束腰瓜棱腿方桌
尺寸：84×99×99cm
估价：RMB650,000—850,000
成交价：RMB2,016,000
2010—11—21 中国嘉德

0003 明 黄花梨双龙纹方桌
尺寸：98×98×85cm
估价：RMB980,000—1,380,000
成交价：RMB4,816,000
2010—12—12 南京正大

2649 清早期 黄花梨龙纹方桌
尺寸：87 × 90 × 90cm
估价：RMB680,000–880,000
成交价：RMB3,920,000
2010–11–21 中国嘉德

0050 清早期 黄花梨龙纹霸王枨方桌
尺寸：98 × 96.5 × 83cm
估价：RMB780,000–1,280,000
成交价：RMB1,512,000
2010–12–12 南京正大

2599 明 黄花梨罗锅枨绿纹石面香案
尺寸：84 × 84 × 53cm
估价：RMB600,000–900,000
成交价：RMB1,456,000
2010–11–21 中国嘉德

2617 明 黄花梨有束腰马蹄腿罗锅枨长条桌
尺寸：87 × 158 × 58cm
估价：RMB1,600,000–2,600,000
成交价：RMB3,472,000
2010–11–21 中国嘉德

2628 明 黄花梨四面平带翘头条桌
尺寸：86×112×48cm
估价：RMB6,500,000–8,500,000
成交价：RMB23,520,000
2010–11–21 中国嘉德

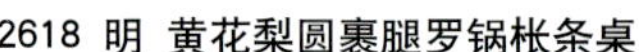

2618 明 黄花梨圆裹腿罗锅枨条桌

尺寸：83×97×42cm

估价：RMB450,000–650,000

成交价：RMB2,128,000

2010–11–21 中国嘉德

2632 明 黄花梨圆腿顶牙罗锅枨瘿木面酒桌

尺寸：87×104×73cm

估价：RMB2,400,000–3,400,000

成交价：RMB5,600,000

2010–11–21 中国嘉德

2640 明 黄花梨高束腰马蹄足挖缺做条桌

尺寸：88×98×48cm

估价：RMB2,200,000–3,200,000

成交价：RMB10,080,000

2010–11–21 中国嘉德

2606 清早期 黄花梨圆裹腿带卡子花半桌
尺寸：88×97×49cm
估价：RMB800,000－1,200,000
成交价：RMB1,008,000
2010-11-21 中国嘉德

0027 清乾隆 紫檀卷叶纹半桌
尺寸：116×40×84.5cm
估价：RMB2,900,000－5,900,000
成交价：RMB3,864,000
2010-12-12 南京正大

2627 清早期 黄花梨高束腰可拆卸棋桌
尺寸：85×91×91cm
估价：RMB2,600,000－3,600,000
成交价：RMB7,840,000
2010-11-21 中国嘉德

1847 清 18 世纪 御制紫檀木雕《梅花图》束腰条桌
尺寸：90×192×48.4cm
估价：HKD6,000,000–8,000,000
成交价：HKD18,580,000
2010–4–8 香港苏富比

0997 明 黄花梨雕云纹琴几
尺寸：95×28.2×37cm
估价：RMB1,200,000-1,800,000
成交价：RMB1,344,000
2010-6-22 北京长风

1161 清乾隆 御制紫檀雕花卉纹香几
尺寸：50×35×79.5cm
估价：RMB350,000-550,000
成交价：RMB392,000
2010-6-19 北京歌德

0912 明 黄花梨高束腰雕龙纹香几
尺寸：37×37×94cm
估价：RMB500,000-700,000
成交价：RMB560,000
2010-11-19 北京歌德

0044 清 紫檀雕花卉大底座

尺寸：直径 49.6cm；高 29cm

估价：RMB860,000–1,260,000

成交价：RMB1,568,000

2010–12–12 南京正大

2407 近代 瞻麓斋制紫檀家具

尺寸：长 88.3cm、宽 88.2cm、高 82.7cm；长 48cm、宽 36.8cm、高 47.5cm；长 42.5cm、宽 42.5cm、高 45.2cm

估价：RMB380,000–580,000

成交价：RMB1,904,000

2010–5–16 中国嘉德

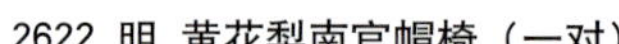

2622 明 黄花梨南官帽椅（一对）

尺寸：99×64×49cm

估价：RMB1,200,000–1,800,000

成交价：RMB1,344,000

2010–11–21 中国嘉德

2623 明末清初 黄花梨四出头官帽椅

尺寸：103×60×64cm

估价：RMB200,000–400,000

成交价：RMB1,568,000

2010–11–21 中国嘉德

0938 清早期 黄花梨四出头官帽椅（一对）

尺寸：49.5×66×109cm

估价：RMB900,000–1,200,000

成交价：RMB1,008,000

2010–11–19 北京歌德

0094 明 黄花梨圈椅

尺寸：64×61×98.5cm

估价：RMB1,200,000–1,500,000

成交价：RMB1,456,000

2010–5–23 南京正大

2621 明 黄花梨圈椅（一对）

尺寸：99×59×45cm

估价：RMB1,800,000–2,800,000

成交价：RMB5,600,000

2010–11–21 中国嘉德

2600 清早期 黄花梨嵌大理石圈椅（四只）

尺寸：91×53×41cm

估价：RMB6,000,000–8,000,000

成交价：RMB17,696,000

2010–11–21 中国嘉德

0016 明 黄花梨交椅

尺寸：72.5×90×103cm

估价：咨询价

成交价：RMB69,440,000

2010–12–12 南京正大

2602 清 黄花梨圈椅
尺寸：99×61×48cm
估价：RMB650,000–850,000
成交价：RMB1,344,000
2010–11–21 中国嘉德

2651 清早期 黄花梨直棂玫瑰椅（一对）
尺寸：90×56×43cm
估价：RMB800,000–1,200,000
成交价：RMB1,344,000
2010–11–21 中国嘉德

2624 清早期 黄花梨灯挂椅（四只）
尺寸：99×49×45cm
估价：RMB800,000–1,200,000
成交价：RMB2,016,000
2010–11–21 中国嘉德

1163 清中期 紫檀禅凳
尺寸：64.5×64×51.5cm
估价：RMB500,000–800,000
成交价：RMB560,000
2010-6-19 北京歌德

1162 清中期 紫檀方杌凳（一对）
尺寸：46×46×51.5cm
估价：RMB300,000–500,000
成交价：RMB336,000
2010-6-19 北京歌德

2625 明 黄花梨有束腰三弯腿罗锅枨方凳
尺寸：54×52×52cm
估价：RMB800,000–1,200,000
成交价：RMB918,400
2010-11-21 中国嘉德

0939 清乾隆 天然木扶手椅（一对）
尺寸：90×58×106cm
估价：RMB2,400,000-3,000,000
成交价：RMB2,688,000
2010-11-19 北京歌德

2646 元或明早 黄花梨四面平榻
尺寸：46×199×116cm
估价：RMB3,800,000-4,800,000
成交价：RMB6,160,000
2010-11-21 中国嘉德

4557 清乾隆 紫檀雕云龙纹罗汉床

尺寸：长 197.5cm；宽 131.5cm；面高 49cm；背高 114.5cm

估价：RMB23,000,000–33,000,000

成交价：RMB25,760,000

2010–12–5 北京保利

0013 明 黄花梨几何纹罗汉床
尺寸：205×97×78cm
估价：RMB2,200,000–5,200,000
成交价：RMB2,688,000
2010–12–12 南京正大

0014 明 黄花梨带门围子雕龙架子床
尺寸：216.5×146.5×229cm
估价：RMB2,760,000–5,760,000
成交价：RMB3,304,000
2010–12–12 南京正大

2620 明 黄花梨簇云纹马蹄腿六柱式架子床

尺寸：222×252×156cm

估价：咨询价

成交价：RMB43,120,000

2010-11-21 中国嘉德

2637 明 黄花梨簇云纹三弯腿六柱式架子床

尺寸：230×222×155cm

估价：RMB4,000,000–6,000,000

成交价：RMB6,720,000

2010–11–21 中国嘉德

0039 明 黄花梨顶箱柜（一对）

尺寸：89.5×47×163cm

估价：RMB1,000,000–1,900,000

成交价：RMB1,288,000

2010–12–12 南京正大

0048 清 黄花梨瓜棱大面条柜（一对）
尺寸：109×59×198cm
估价：RMB1,760,000−5,000,000
成交价：RMB1,988,800
2010−1−17 南京正大

2614 明 黄花梨圆角柜
尺寸：150×97×49cm
估价：RMB1,800,000−2,800,000
成交价：RMB2,688,000
2010−11−21 中国嘉德

2615 清早期 黄花梨大方角柜
尺寸：191×108×63cm
估价：RMB2,400,000−3,400,000
成交价：RMB4,088,000
2010−11−21 中国嘉德

2105 清乾隆 黄花梨云龙纹大四件柜（一对）
尺寸：287×159×63cm
估价：咨询价
成交价：RMB39,760,000
2010-11-20 中国嘉德

2647 清 黄花梨四件柜
尺寸：251×105×54cm
估价：RMB2,800,000-3,800,000
成交价：RMB3,920,000
2010-11-21 中国嘉德

0074 民国 紫檀雕山水纹顶箱大柜（一对）
尺寸：117.5×48×214.5cm
估价：咨询价
成交价：RMB7,910,000
2010-1-17 南京正大

2613 明 黄花梨带抽屉橱柜
尺寸：87×85×56cm
估价：RMB350,000-550,000
成交价：RMB1,456,000
2010-11-21 中国嘉德

2635 清早期 黄花梨龙纹格架
尺寸：177×98×48cm
估价：RMB1,000,000-1,500,000
成交价：RMB5,040,000
2010-11-21 中国嘉德

0007 清早期 黄花梨佛经柜
尺寸：105×40×104cm
估价：RMB3,800,000-5,800,000
成交价：RMB4,592,000
2010-12-12 南京正大

0077 清乾隆 雕漆红楼梦人物故事多宝柜（一对）

尺寸：高 64.5cm

估价：RMB1,000,000–1,200,000

成交价：RMB1,344,000

2010–12–4 匡时国际

0646 清早期 紫檀圆角小柜（一对）

尺寸：27.2×15×51cm

估价：RMB100,000–150,000

成交价：RMB313,600

2010–5–18 北京永乐

0036 清 黄花梨龙纹大地屏

尺寸：113×54×196cm

估价：RMB2,900,000–4,900,000

成交价：RMB3,920,000

2010–12–12 南京正大

0029 明 黄花梨雕龙纹十二扇宫廷大屏风

尺寸：300×56cm×12

估价：RMB2,800,000–5,800,000

成交价：RMB8,000,000

2010-12-12 南京正大

0048 清乾隆 紫檀雕龙书屏

尺寸：39.5×175.5cm×8

估价：RMB2,200,000–5,200,000

成交价：RMB6,160,000

2010-5-23 南京正大

3008 清乾隆 御制紫檀漆地嵌玉圆光大座屏（一对）

尺寸：高 145cm×2

估价：咨询价

成交价：HKD32,020,000

2010-12-1 香港佳士得

0619 清中期 紫檀边座骨雕茜色耕织图插屏
尺寸：110.5×42×108cm
估价：RMB280,000-320,000
成交价：RMB403,200
2010-5-18 北京永乐

1165 清康熙 烧蓝点翠花鸟纹插屏
尺寸：110×61cm
估价：RMB300,000-350,000
成交价：RMB336,000
2010-6-19 北京歌德

2972 清康熙 百宝嵌挂屏
尺寸：96×59.5cm
估价：RMB800,000-1,200,000
成交价：RMB1,568,000
2010-6-7 北京翰海

3070 清乾隆 紫檀嵌玉亭台人物插屏
尺寸：高 28cm
估价：RMB220,000-280,000
成交价：RMB336,000
2010-6-7 北京翰海

1055 清乾隆 红木嵌象牙十八罗汉挂屏（一对）
尺寸：83×49cm
估价：RMB800,000–1,200,000
成交价：RMB1,097,600
2010–5–15 北京华辰

3141 清 翠嵌百宝人物花鸟插屏
“乾隆年制”篆书款
尺寸：20×14.5cm
估价：RMB80,000–120,000
成交价：RMB246,400
2010–12–12 北京翰海

2969 清乾隆 缂丝山水人物葫芦挂屏（二件）
尺寸：高 91cm
估价：RMB2,200,000–2,800,000
成交价：RMB3,136,000
2010–6–7 北京翰海

2332 清乾隆 御制长寿多子图百宝嵌紫檀框挂屏

尺寸：111×84cm

估价：RMB12,000,000-18,000,000

成交价：RMB22,960,000

2010-12-11 北京翰海

0093 清乾隆 雕漆嵌百宝“大吉”挂屏
尺寸：高 126cm
估价：RMB300,000-500,000
成交价：RMB1,680,000
2010-12-4 匡时国际

2970 清中期 漆嵌花梨木福寿百子挂屏
尺寸：94×62cm
估价：RMB800,000-1,000,000
成交价：RMB896,000
2010-6-7 北京翰海

0101 清乾隆 漆地嵌百宝御题诗文挂屏
尺寸：74×112cm
估价：RMB1,500,000-1,800,000
成交价：RMB1,792,000
2010-12-4 匡时国际

3069 清中期 紫檀框漆嵌百宝挂屏（二件）

尺寸：70.2×51.5cm

估价：RMB250,000–300,000

成交价：RMB526,400

2010–6–7 北京翰海

3304 清中期 黄花梨嵌百宝挂屏

尺寸：113.5×62cm

估价：RMB400,000–600,000

成交价：RMB694,400

2010–12–12 北京翰海

0075 清中期 和合二仙绣品挂屏（一对）

尺寸：高 95.5m

估价：RMB500,000–800,000

成交价：RMB616,000

2010–12–4 匡时国际

0100 清中期 紫檀雕卷草纹框缂丝大吉挂屏

尺寸：55×37cm

估价：RMB400,000–600,000

成交价：RMB616,000

2010–12–4 匡时国际

0102 清道光 紫檀框漆地嵌百宝耕织图挂屏（一对）
尺寸：135×75cm
估价：RMB1,200,000－1,500,000
成交价：RMB1,736,000
2010－12－4 匡时国际

1398 清 紫檀嵌百宝挂屏
尺寸：120×75cm
估价：RMB800,000－1,000,000
成交价：RMB1,120,000
2010－6－6 匡时国际

1399 清初 黄花梨官箱
尺寸：41.5×38×34cm
估价：RMB180,000－200,000
成交价：RMB201,600
2010－6－6 匡时国际

0642 清早期 黄花梨木平顶官皮箱
尺寸：36.4×28.4×36.5cm
估价：RMB80,000－100,000
成交价：RMB397,600
2010－5－18 北京永乐

0643 清早期 黄花梨木浮雕夔龙纹官皮箱
尺寸：37.5 × 29 × 32.8cm
估价：RMB150,000–180,000
成交价：RMB257,600
2010-5-18 北京永乐

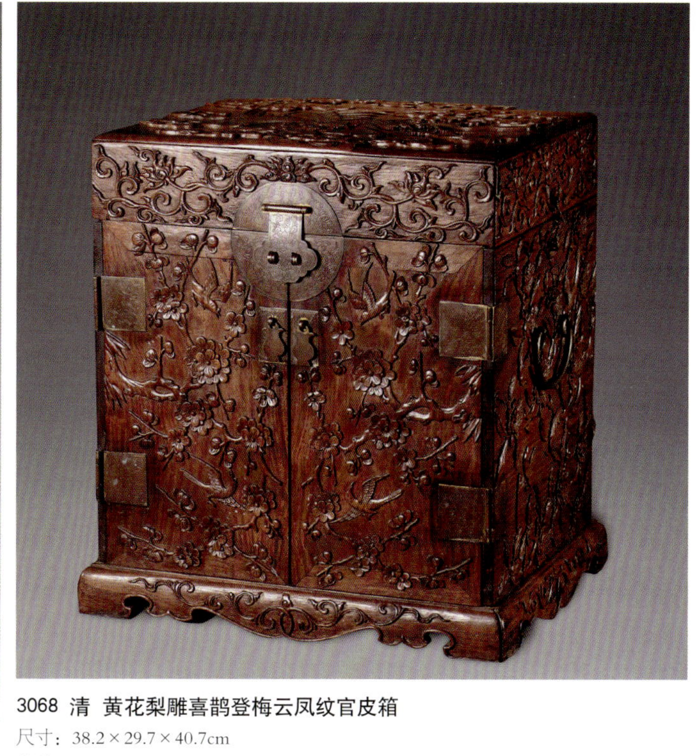

3068 清 黄花梨雕喜鹊登梅云凤纹官皮箱
尺寸：38.2 × 29.7 × 40.7cm
估价：RMB200,000–300,000
成交价：RMB380,800
2010-6-7 北京翰海

0641 清早期 黄花梨木平顶小官皮箱
尺寸：32 × 23.5 × 32.5cm
估价：RMB70,000–80,000
成交价：RMB246,400
2010-5-18 北京永乐

0640 清早期 黄花梨木独板轿箱
尺寸：74.6 × 17.8 × 13cm
估价：RMB120,000–150,000
成交价：RMB425,600
2010-5-18 北京永乐

3067 清中期 紫檀雕云龙纹长方箱
尺寸：37.2×20.5cm
估价：RMB200,000-300,000
成交价：RMB347,200
2010-6-7 北京翰海

2433 清乾隆 枷楠香木浮雕双龙八宝云蝠纹箱
尺寸：38.8×21×16cm
估价：RMB800,000-1,000,000
成交价：RMB1,680,000
2010-7-6 杭州西泠

1166 清乾隆 紫檀刻龙纹三层宝盒
尺寸：32×16×14.5cm
估价：RMB2,800,000-3,500,000
成交价：RMB3,920,000
2010-6-6 匡时国际

1169 清乾隆 造办处制紫檀嵌百宝宫灯（一对）
尺寸：44×21cm
估价：RMB350,000-550,000
成交价：RMB683,200
2010-6-19 北京歌德

6758 春秋 虎纹镜
尺寸：直径 11.1cm
估价：RMB250,000-450,000
成交价：RMB806,400
2010-11-14 中国嘉德

6766 战国 透雕虺龙纹复合镜
尺寸：直径 16cm
估价：RMB700,000-1,000,000
成交价：RMB1,456,000
2010-11-14 中国嘉德

6803 东汉 “吾作”重列对置式神兽镜
尺寸：直径 21.5cm
估价：RMB100,000-200,000
成交价：RMB1,680,000
2010-11-14 中国嘉德

6902 东汉 “吾作”半圆方枚神兽镜
尺寸：直径 13.6cm
估价：RMB50,000-80,000
成交价：RMB1,232,000
2010-11-14 中国嘉德

7152 隋唐 “湛若止水”团花纹镜
尺寸：直径 23.5cm
估价：RMB400,000-600,000
成交价：RMB873,600
2010-5-11 中国嘉德

7187 隋唐 仙山四灵十二生肖铭文镜
尺寸：直径 21.9cm
估价：RMB600,000-800,000
成交价：RMB672,000
2010-5-11 中国嘉德

7190 唐代 月宫盘龙双鸾镜
尺寸：直径 21.8cm；厚 0.4cm
估价：RMB250,000-350,000
成交价：RMB761,600
2010-5-11 中国嘉德

7225 唐 双鸾麒麟飞马镜
尺寸：直径 20.6cm；厚 1cm；重 1777g
估价：RMB500,000-600,000
成交价：RMB918,400
2010-5-11 中国嘉德

7264 唐代 海兽葡萄镜
尺寸：直径 21.3cm；重 1925g
估价：RMB300,000-500,000
成交价：RMB1,209,600
2010-5-11 中国嘉德

6778 唐 摩羯瑞兽团花纹镜
尺寸：直径 21cm
估价：RMB700,000-1,000,000
成交价：RMB1,512,000
2010-11-14 中国嘉德

6787 唐 月宫盘龙双鸾镜
尺寸：直径 20cm
估价：RMB300,000-500,000
成交价：RMB806,400
2010-11-14 中国嘉德

6808 唐 嵌螺钿宝相花镜
尺寸：直径 22.8cm
估价：RMB600,000-800,000
成交价：RMB2,128,000
2010-11-14 中国嘉德

6815 唐 摩羯花鸟五瑞兽镜
尺寸：直径 15cm
估价：RMB500,000–800,000
成交价：RMB2,352,000
2010–11–14 中国嘉德

6862 唐 “盘龙丽匣”瑞兽镜
尺寸：直径 19cm
估价：RMB500,000–600,000
成交价：RMB896,000
2010–11–14 中国嘉德

6931 唐 六瑞兽海兽葡萄镜
尺寸：直径 17.5cm
估价：RMB300,000–600,000
成交价：RMB1,904,000
2010–11–14 中国嘉德

6950 唐 云龙纹镜
尺寸：直径 27.2cm
估价：RMB800,000–1,500,000
成交价：RMB1,456,000
2010–11–14 中国嘉德

6959 唐 “练形神冶”瑞兽团花镜
尺寸：直径 21.5cm
估价：RMB700,000-1,000,000
成交价：RMB3,248,000
2010-11-14 中国嘉德

6960 唐 海兽葡萄镜
尺寸：直径 15cm
估价：RMB800,000-1,500,000
成交价：RMB3,416,000
2010-11-14 中国嘉德

2295 明永乐 掐丝珐琅花卉纹兽耳瓶
尺寸：高 20cm
估价：RMB320,000-350,000
成交价：RMB358,400
2010-6-30 上海朵云轩

2887 明万历 掐丝珐琅缠枝花卉龙纹盘
“大明万历年造”楷书款
尺寸：直径 32.5cm
估价：RMB300,000-400,000
成交价：RMB795,200
2010-6-7 北京翰海

2029 明代 铜胎掐丝珐琅缠枝莲纹双扳耳炉
尺寸：高 19.5cm
估价：RMB500,000-800,000
成交价：RMB616,000
2010-6-30 上海朵云轩

0331 清早期 铜胎掐丝珐琅缠枝莲纹花觚
尺寸：高 34.7cm
估价：RMB250,000-300,000
成交价：RMB336,000
2010-12-4 匡时国际

2473 明 掐丝珐琅鸳鸯香熏（一对）
尺寸：高 18cm
估价：RMB1,500,000-2,000,000
成交价：RMB1,568,000
2010-5-16 中国嘉德

2484 清乾隆 掐丝珐琅兽面纹尊
尺寸：高 56cm
估价：RMB1,200,000-1,800,000
成交价：RMB2,688,000
2010-5-16 中国嘉德

0095 清康熙 御制铜胎掐丝珐琅童子（一对）
尺寸：高 29cm；高 28.5cm
估价：RMB10,000,000-12,000,000
成交价：RMB12,320,000
2010-12-4 匡时国际

1877 清雍正 御制铜胎画珐琅八棱开光《芦雁图》尊（一对）
"雍正年制"楷书款
尺寸：高 13.2cm×2
估价：HKD5,000,000-7,000,000
成交价：HKD8,420,000
2010-5-31 香港佳士得

2983 清雍正 御制掐丝珐琅双鹤香炉（一对）

尺寸：高 145cm×2

估价：咨询价

成交价：HKD129,460,000

2010-12-2 香港佳士得

2165 清雍正 御制金胎画珐琅浅绿地《丹凤呈祥图》盉壶

“雍正年制”款

尺寸：高 19.5cm

估价：HKD20,000,000–30,000,000

成交价：HKD40,980,000

2010–10–7 香港苏富比

3047 清乾隆 铜掐丝珐琅佛塔

尺寸：高 45cm

估价：RMB800,000-1,200,000

成交价：RMB1,097,600

2010-11-22 中国嘉德

2796 清乾隆 掐丝珐琅方彝（一对）

“乾隆年制”款

尺寸：高 23.8cm；宽 17.4cm；底径 13.9×13.9cm

估价：RMB450,000-800,000

成交价：RMB705,600

2010-7-6 杭州西泠

1035 清乾隆 铜胎掐丝珐琅缠枝莲万寿无疆花觚（一对）

“乾隆年制”款

尺寸：高 38cm

估价：RMB2,500,000-3,500,000

成交价：RMB2,912,000

2010-11-14 北京荣宝

2536 清乾隆 掐丝珐琅缠枝花卉双耳三足炉

“乾隆年制”、“俊”字楷书款

尺寸：高 7.5cm

估价：RMB200,000–250,000

成交价：RMB548,800

2010–6–7 北京翰海

0937 清乾隆 铜胎掐丝珐琅缠枝莲纹三足炉

尺寸：高 38cm

估价：RMB500,000–600,000

成交价：RMB616,000

2010–6–22 北京长风

0073 清乾隆 铜胎掐丝珐琅夔龙纹鼎式炉

“古歙鲍氏制子子孙孙宝用”款

尺寸：高 37cm

估价：RMB1,200,000–1,500,000

成交价：RMB1,568,000

2010–12–4 匡时国际

2470 清乾隆 錾胎珐琅七珍八宝法器（一对）

尺寸：高 59.5cm；高 61cm

估价：RMB1,500,000-2,500,000

成交价：RMB3,584,000

2010-5-16 中国嘉德

2334 清乾隆 掐丝珐琅花鸟铺耳三足熏炉

“大清乾隆年制”楷书款

尺寸：高 78.5cm

估价：RMB3,000,000-4,000,000

成交价：RMB5,040,000

2010-12-11 北京翰海

2123 清乾隆 铜胎掐丝珐琅鹤足双龙耳盖炉（一对）

尺寸：炉身高 65cm；连座高 195.5cm

估价：RMB8,000,000–12,000,000

成交价：RMB10,416,000

2010–11–20 中国嘉德

2540 清乾隆 掐丝珐琅甪端（二件）

尺寸：高 51.7cm

估价：RMB6,000,000–8,000,000

成交价：RMB10,640,000

2010–6–7 北京翰海

0877 清乾隆 掐丝珐琅天鸡尊

尺寸：高 25cm

估价：RMB800,000–1,200,000

成交价：RMB1,344,000

2011–1–20 北京长风

4335 清乾隆 掐丝珐琅甪端香熏

“大清乾隆年制”款

尺寸：高 35cm

估价：RMB1,800,000–2,800,000

成交价：RMB4,032,000

2010–6–4 北京保利

2537 清乾隆 掐丝珐琅鸭首尊

尺寸：高 26cm

估价：RMB380,000–400,000

成交价：RMB425,600

2010–6–7 北京翰海

0211 清乾隆 铜鎏金掐丝珐琅太平有象（一对）

“乾隆年制”款

尺寸：高 60cm；长 38cm

估价：咨询价

成交价：RMB31,920,000

2010-11-19 北京华辰

2296 清乾隆 掐丝珐琅太平有象（一对）

尺寸：高 19cm

估价：RMB650,000－750,000

成交价：RMB728,000

2010－6－30 上海朵云轩

0735 清乾隆 铜胎画珐琅鸭子形包袱盖盒

“乾隆年制”楷书款

尺寸：长 7cm

估价：RMB200,000－250,000

成交价：RMB1,624,000

2010－5－18 北京永乐

0098 清乾隆 铜胎嵌珐琅万寿吉祥双飞龙耳大瓶（一对）

尺寸：高 74.5cm

估价：RMB3,800,000－4,800,000

成交价：RMB4,256,000

2010－12－4 匡时国际

1806 清乾隆 铜胎画北京珐琅“富贵万寿”图三层提匣

“乾隆年制”款

尺寸：19.2×13.5×8.5cm

估价：HKD15,000,000–20,000,000

成交价：HKD27,540,000

2010–4–8 香港苏富比

2468 清乾隆 掐丝珐琅暗八仙云蝠纹双桃形洗

尺寸：宽 74cm

估价：RMB 2,400,000–3,400,000

成交价：RMB 4,704,000

2010-5-16 中国嘉德

2538 清中期 铜鎏金掐丝珐琅万寿无疆碗

“子孙永宝”篆书款

尺寸：直径 15cm

估价：RMB800,000–1,200,000

成交价：RMB1,680,000

2010-6-7 北京翰海

0079 清乾隆 铜胎画珐琅西洋人物渣斗

“乾隆年制”款

尺寸：高 9.2cm

估价：RMB600,000–800,000

成交价：RMB840,000

2010-12-4 匡时国际

0985 清 铜掐丝珐琅饕餮纹鬲式鼎
尺寸：高 66cm
估价：RMB500,000–700,000
成交价：RMB560,000
2010–6–22 北京长风

3111 清 铜胎画珐琅出戟八棱花觚
"大清乾隆年制" 篆书款
尺寸：高 29.5cm
估价：RMB800,000–1,200,000
成交价：RMB896,000
2010–12–12 北京翰海

2474 清嘉庆 掐丝珐琅仙鹤大烛台（一对）
尺寸：高 210cm；高 213cm
估价：RMB2,400,000–3,400,000
成交价：RMB2,464,000
2010–5–16 中国嘉德

2464 清中期 掐丝珐琅甪端香熏（一对）
尺寸：高 53.3cm
估价：RMB2,000,000–2,800,000
成交价：RMB3,024,000
2010–5–16 中国嘉德

2447 清 掐丝珐琅缠枝花卉龙纹象足熏炉
“大明万历年制”楷书款
尺寸：高 41.5cm
估价：RMB500,000-600,000
成交价：RMB616,000
2010-6-7 北京翰海

2539 清中期 铜鎏金掐丝珐琅凤首尊
尺寸：高 25.4cm
估价：RMB800,000-1,200,000
成交价：RMB1,960,000
2010-6-7 北京翰海

0099 清中期 铜胎掐丝珐琅缠枝花卉佛手形盖炉
尺寸：长 84cm
估价：RMB2,500,000-3,000,000
成交价：RMB3,136,000
2010-12-4 匡时国际

2485 清中期 掐丝珐琅《文人雅集图》大罐（一对）

尺寸：高 112cm

估价：RMB3,500,000–4,500,000

成交价：RMB4,368,000

2010–5–16 中国嘉德

1167 清中期 景泰蓝缠枝莲纹冠架（一对）

尺寸：高 30cm

估价：RMB1,500,000–1,800,000

成交价：RMB1,904,000

2010–6–6 匡时国际

2658 清 掐丝珐琅福寿双全纹冰箱

尺寸：55.5×55.5×67.5cm

估价：RMB1,400,000–1,800,000

成交价：RMB1,568,000

2010–7–17 中贸圣佳

3004 宋 漆菊瓣花口盘
尺寸：直径 27.2cm
估价：RMB180,000-220,000
成交价：RMB392,000
2010-6-7 北京翰海

2018 宋、元 朱漆御题诗菊瓣盘
尺寸：直径 28cm
估价：RMB250,000-550,000
成交价：RMB324,800
2010-6-30 上海朵云轩

2944 元 剔红花卉盘
“张成造”款
尺寸：直径 14.9cm
估价：RMB800,000-1,200,000
成交价：RMB1,232,000
2010-6-7 北京翰海

1625 元 杨茂造堆漆菊纹香盒
尺寸：直径 9.5cm
估价：RMB250,000-350,000
成交价：RMB280,000
2010-12-17 上海朵云轩

0924 元 脱胎印模朱地剔黑茶花灵芝倭角盘

尺寸：直径 18.5cm

估价：RMB400,000-600,000

成交价：RMB560,000

2010-6-22 北京长风

2907 清早期 漆嵌百宝花鸟官皮箱

尺寸：38.5×30×41cm

估价：RMB400,000-500,000

成交价：RMB470,400

2010-6-7 北京翰海

2821 明 双凤穿花剔红盘

尺寸：直径 36.8cm

估价：RMB1,200,000-1,500,000

成交价：RMB1,344,000

2010-7-6 杭州西泠

2522 清早期 剔红牡丹圆盒

尺寸：直径 13.6cm

估价：RMB450,000-480,000

成交价：RMB537,600

2010-6-7 北京翰海

3292 清早期 剔红花卉携琴访友图节盒

尺寸：高 24.4cm

估价：RMB350,000-450,000

成交价：RMB392,000

2010-12-12 北京翰海

2306 清乾隆 剔红圣制千叟宴诗书式盒

尺寸：21×14×9cm

估价：RMB1,500,000-2,200,000

成交价：RMB2,016,000

2010-11-21 中国嘉德

0074 清乾隆 剔彩百老图笔筒

尺寸：高 18.5cm

估价：RMB150,000-180,000

成交价：RMB504,000

2010-12-4 匡时国际

0332 清乾隆 剔红雕漆九龙捧盒

"大清乾隆年制"款

尺寸：直径 20.5cm

估价：RMB800,000-1,000,000

成交价：RMB1,232,000

2010-12-4 匡时国际

2455 清 剔红花卉纹帽架

“乾隆年制”楷书款

尺寸：高 29.3cm

估价：RMB350,000-400,000

成交价：RMB425,600

2010-6-7 北京翰海

2680 清乾隆 刺绣《礼佛图》

钤印：于氏

尺寸：45.5×35cm

估价：RMB80,000-150,000

成交价：RMB392,000

2010-12-14 杭州西泠

2112 清乾隆 御制顾绣《金刚经》塔轴

尺寸：209×73cm

估价：RMB2,800,000-3,800,000

成交价：RMB3,696,000

2010-11-20 中国嘉德

2113 《石渠宝笈》录宋缂丝《蟠桃献寿图》

尺寸：117×47.5cm

估价：咨询价

成交价：RMB22,400,000

2010-11-20 中国嘉德

1813 18 世纪 御制东珠朝珠

尺寸：直径 134cm、珍珠直径 9.60–10.65mm；

重量 330g

估价：HKD8,000,000–12,000,000

成交价：HKD67,860,000

2010–4–8 香港苏富比

0696 清乾隆 珊瑚整雕吹箫引凤摆件
尺寸：高 21.8cm
估价：RMB350,000–400,000
成交价：RMB392,000
2010–5–18 北京永乐

0883 宋世义 《丝路花雨》红珊瑚摆件
钤印：世义
尺寸：带座高 196mm
估价：RMB200,000–280,000
成交价：RMB336,000
2010–7–4 杭州西泠

0865 清 珊瑚观音
尺寸：高 26cm
估价：RMB260,000–260,000
成交价：RMB286,000
2010–5–24 天津文物

2335 清中期 蒙镶珊瑚头饰(一组六件)
估价：RMB2,500,000-3,000,000
成交价：RMB2,800,000
2010-12-11 北京翰海

2913 清康熙 御制透明料阴线葡萄鸟纹盘
尺寸：直径 11cm
估价：HKD500,000-800,000
成交价：HKD2,420,000
2010-12-1 香港佳士得

3208 清乾隆 宝石蓝料盘
“乾隆年制”楷书款
尺寸：直径 16.5cm
估价：RMB150,000-220,000
成交价：RMB515,200
2010-12-12 北京翰海

2929 清乾隆 御制涅白套三色料双龙耳尊
“乾隆年制”楷书款
尺寸：高 16.5cm
估价：HKD2,000,000-3,000,000
成交价：HKD7,220,000
2010-12-1 香港佳士得

3207 清乾隆 粉料直径瓶
“大清乾隆年制”篆书款
尺寸：高 14.7cm
估价：RMB150,000-250,000
成交价：RMB392,000
2010-12-12 北京翰海

0340 清乾隆 西瓜水料云龙纹龙耳杯
尺寸：高 12.4cm
估价：RMB150,000-180,000
成交价：RMB201,600
2010-12-4 匡时国际

2950 清乾隆 酒黄色料橄榄瓶（二件）
“乾隆年制”楷书款
尺寸：高 19cm
估价：RMB200,000-300,000
成交价：RMB313,600
2010-6-7 北京翰海

3209 清乾隆 仿雄黄料直径瓶
“乾隆年制”楷书款
尺寸：高 14.6cm
估价：RMB30,000-50,000
成交价：RMB235,200
2010-12-12 北京翰海

2927 清乾隆 御制粉红地套宝石红料莲纹长颈瓶
“乾隆年制”楷书款
尺寸：高 23.5cm
估价：HKD1,500,000-2,000,000
成交价：HKD2,060,000
2010-12-1 香港佳士得

2948 清乾隆 绿料云龙圆盒
“乾隆年制”楷书款
尺寸：直径 10.2cm
估价：RMB250,000-300,000
成交价：RMB728,000
2010-6-7 北京翰海

2928 清乾隆 御制宝石红料龙纹凤首执壶

“乾隆年制”篆书款

尺寸：长 20.3cm

估价：HKD4,000,000-6,000,000

成交价：HKD18,580,000

2010-12-1 香港佳士得

68 清 “康熙御制”款铜胎画珐琅开光花卉鼻烟壶
尺寸：高 4.81cm
成交价：HKD3,000,000
2010-11-24 香港邦瀚斯

27 清乾隆 御制瓷胎粉彩山水月琴形鼻烟壶
尺寸：高 5.08cm
成交价：HKD3,960,000
2010-5-28 香港邦瀚斯

129 清乾隆 御制铜胎画珐琅西洋母子鼻烟壶
尺寸：高 4.22cm
成交价：HKD9,280,000
2010-5-28 香港邦瀚斯

77 清乾隆 御制铜胎画珐琅百花鼻烟壶
尺寸：高 5.27cm
成交价：HKD4,200,000
2010-5-28 香港邦瀚斯

121 清乾隆 瓷胎粉彩葫芦形鼻烟壶
尺寸：高 5.12cm
成交价：HKD8,384,000
2010-11-24 香港邦瀚斯

67 清乾隆 御制铜胎粉彩蓝花鼻烟壶
尺寸：高 4.22cm
成交价：HKD2.640.000
2010-5-28 香港邦瀚斯

2870 清乾隆 铜胎掐丝珐琅鼻烟壶
“乾隆年制”款
尺寸：高 6.5cm
估价：RMB380,000-450,000
成交价：RMB425,600
2010-7-6 杭州西泠

2872 清乾隆 画珐琅彩料胎鼻烟壶
“古月轩”款
尺寸：高 6cm
估价：RMB250,000-350,000
成交价：RMB280,000
2010-7-6 杭州西泠

140 清 苏作和田玉卵料人物风景鼻烟壶

尺寸：高 8.65cm

成交价：HKD6,032,000

2010-5-28 香港邦瀚斯

99 清 竹黄刻龙纹双连手卷形鼻烟壶

尺寸：高 5.64cm

成交价：HKD1,440,000

2010-11-24 香港邦瀚斯

0690 清 马少宣款水晶内画烟壶

尺寸：高 6cm

估价：RMB50,000-50,000

成交价：RMB101,200

2010-5-24 天津文物

42 清 马少宣作水晶内画江朝宗肖像鼻烟壶（两件）

尺寸：高 6.4cm；高 6.92cm

成交价：HKD1,200,000

2010-5-28 香港邦瀚斯

154 1907年 马少宣作水晶内画端方肖像鼻烟壶

尺寸：高 6.15cm

成交价：HKD1,080,000

2010-11-24 香港邦瀚斯

0854 张广庆绘 《竹林七贤》

尺寸：高 5.3cm

估价：RMB800,000-1,000,000

成交价：RMB1,120,000

2010-12-10 北京翰海

0856 王习三绘 《竹林七贤》

尺寸：高 6.9cm

估价：RMB800,000-1,000,000

成交价：RMB1,232,000

2010-12-10 北京翰海

0848 张铁山绘 《青铜器》

尺寸：高 6.1cm

估价：RMB120,000-150,000

成交价：RMB324,800

2010-12-10 北京翰海

7126 战国 燕 “安阳”方足布铜范

估价：RMB800,000-1,200,000

成交价：RMB2,240,000

2010-11-15 中国嘉德

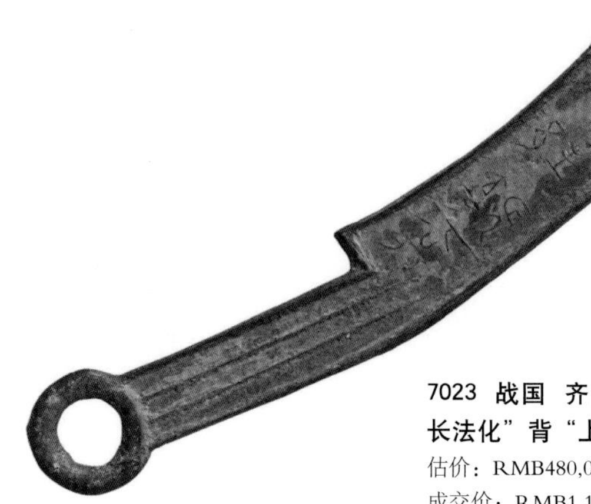

7023 战国 齐国 “齐返（建）邦长法化”背“上”六字刀一枚

估价：RMB480,000

成交价：RMB1,150,000

2010-12-21 上海泓盛

7412 战国 楚 “视金四朱”铜钱牌

尺寸：长 10.3cm；宽 4cm

估价：RMB80,000-120,000

成交价：RMB1,456,000

2010-11-15 中国嘉德

7425 战国 魏 “燕环”圜钱

尺寸：直径 4.3cm

估价：RMB500,000-1,000,000

成交价：RMB1,120,000

2010-11-15 中国嘉德

6308 战国 赵 大型“武阳”背“一两”三孔布

尺寸：通长 7.6cm；宽 3.8cm

估价：RMB1,000,000-2,000,000

成交价：RMB3,528,000

2010-5-10 中国嘉德

6473 战国 韩 “亳百涅”大型锐角布

尺寸：通长 7.15cm；宽 4.2cm

估价：RMB300,000-600,000

成交价：RMB1,176,000

2010-5-10 中国嘉德

7119 西汉 金饼

尺寸：直径 6.4cm

估价：RMB80,000-120,000

成交价：RMB190,400

2010-11-15 中国嘉德

7197 西夏 天盛元宝折十大钱

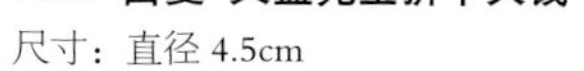

尺寸：直径 4.5cm

估价：RMB500,000-800,000

成交价：RMB1,344,000

2010-11-15 中国嘉德

2445 北宋 靖康款官制十两金锭

重量：367g

估价：RMB1,792,000

成交价：RMB2,043,330

2010-7-6 杭州西泠

7359 元代“平阳路”五十两银锭（一枚）

重量：2000g

估价：RMB480,000

成交价：RMB638,250

2010-12-21 上海泓盛

8424 南宋 “铁线巷陈二郎十分金”金叶子（十片）

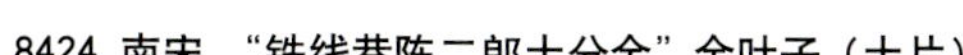

重量：37g

估价：RMB50,000-100,000

成交价：RMB190,400

2010-11-16 中国嘉德

1131 广东省造光绪元宝库平七钱二分（七二反版）红铜厚版细边试样币

估价：RMB600,000-1,000,000

成交价：RMB920,000

2010-6-26 上海泓盛

1231 宣统年造大清铜币二分

估价：RMB800,000-1,200,000

成交价：RMB1,150,000

2010-6-26 上海泓盛

7965 民国二十五年（1936 年）孙中山像中圆、壹圆银质样币各一枚

估价：RMB1,000,000-1,500,000

成交价：RMB1,120,000

2010-11-16 中国嘉德

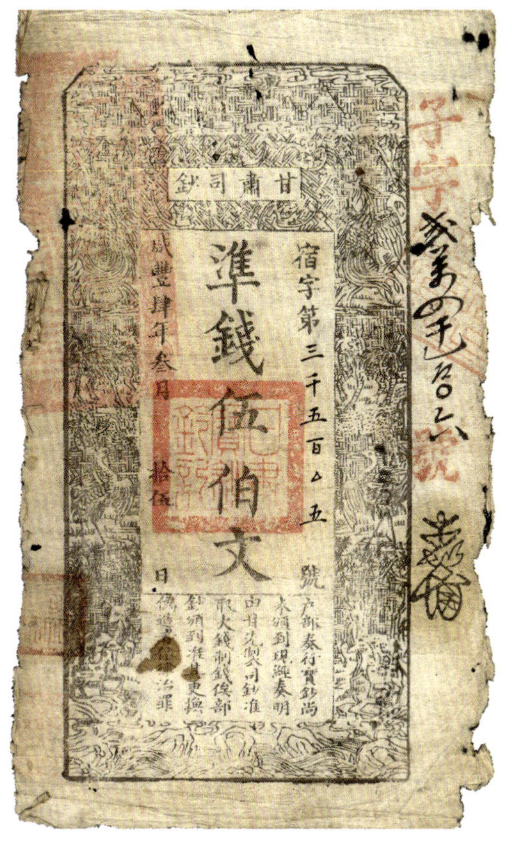

0869 1918年美商花旗银行（上海）壹佰圆（一枚）
估价：RMB700,000-1,200,000
成交价：RMB805,000
2010-6-26 上海泓盛

0604 咸丰肆年（1854）甘肃司钞伍佰文（一枚）
估价：RMB150,000-300,000
成交价：RMB690,000
2010-6-26 上海泓盛

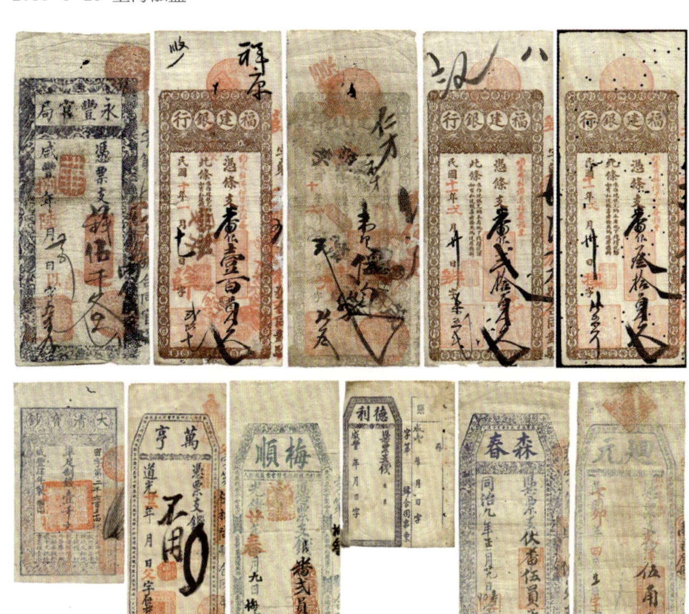

3659 福建纸币藏品集一部共4册
估价：RMB1,900,000-1,900,000
成交价：RMB2,300,000
2010-12-19 上海泓盛

3400 第一版人民币1951年蒙文版“牧马图”壹万圆（一枚）
估价：RMB800,000-800,000
成交价：RMB2,300,000
2010-12-19 上海泓盛

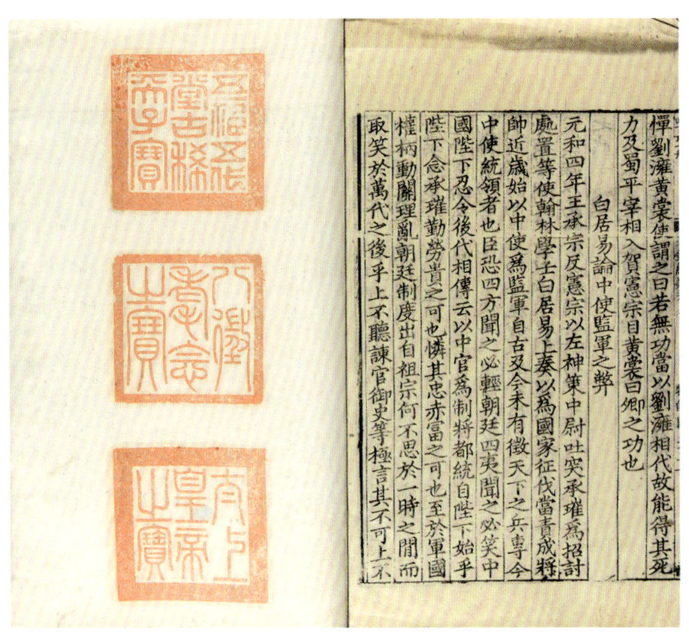

憚劉澭黃裳使謂之曰若無功當以劉澭相代故能得其死
力及蜀平宰相入賀憲宗目黃裳曰卿之功也
白居易論中使監軍之弊
元和四年王承宗反憲宗以左神策中尉吐突承璀爲招討
處置等使翰林學士白居易上奏以爲國家征伐當責成將
帥近歲始以中使爲監軍自古及今未有徵天下之兵專令
中使統領者也臣恐四方聞之必輕朝廷四夷聞之必笑中
國陛下忍令後代相傳云以中官爲制將都統自陛下始乎
陛下念承璀勤勞貴之可也憐其忠赤富之可也至於軍國
權柄動關理亂朝廷制度出自祖宗何不思於一時之間而
取笑於萬代之後乎上不聽諫官御史等極言其不可上不

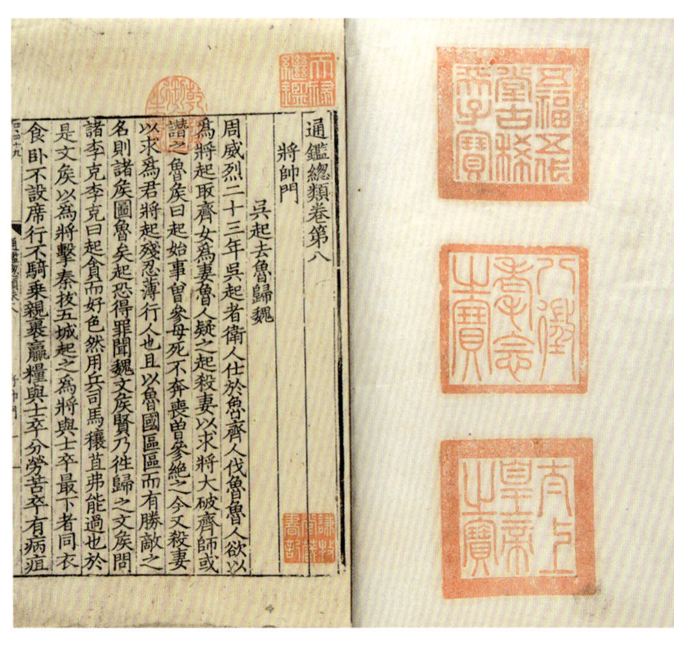

通鑑總類卷第八
將帥門
吳起去魯歸魏
周威烈二十三年吳起者衛人仕於魯齊人伐魯魯人欲以
爲將起取齊女爲妻魯人疑之起殺妻以求將大破齊師或
譖之魯侯曰起始事曾參母死不奔喪曾參絕之今又殺妻
以求爲君將起殘忍薄行人也且以魯國區區而有勝敵之
名則諸侯圖魯矣起恐得罪聞魏文侯賢乃往歸之文侯問
諸李克李克曰起貪而好色然用兵司馬穰苴弗能過也於
是文侯以爲將擊秦拔五城起之爲將與士卒最下者同衣
食臥不設席行不騎乘親裹贏糧與士卒分勞苦卒有病疽

1073 宋沈辑 《通鉴总类》二十卷

元至正二十三年（1363）吴郡庠刻本

1 册 黄麻纸本

钤印：五福五代堂古稀天子宝、八徵耄念之宝、太上皇帝之宝、乾隆御览之宝、天禄继鉴、谦牧堂藏书记

尺寸：25 × 17.5cm

估价：RMB400,000–500,000

成交价：RMB2,912,000

2010–6–2 北京保利

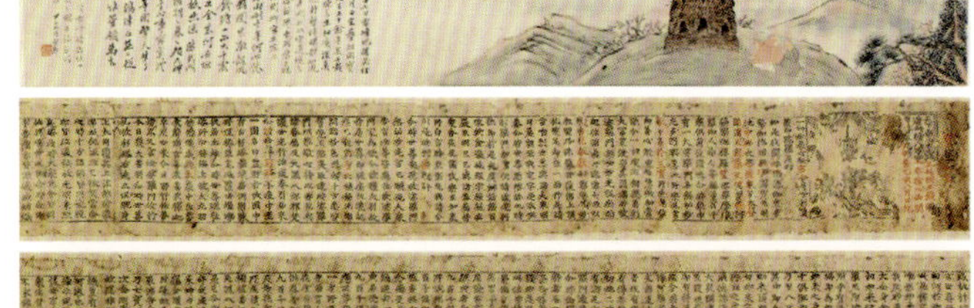

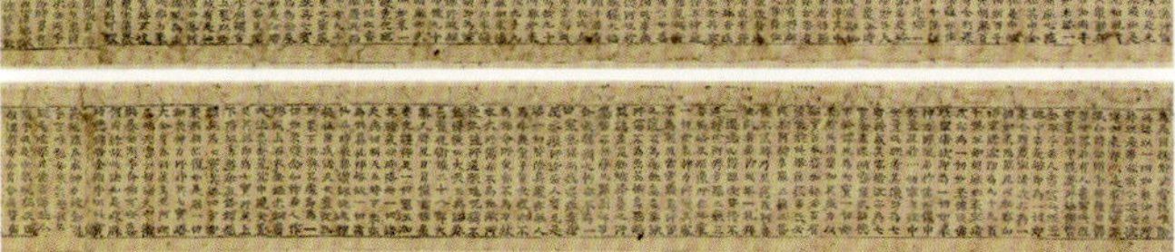

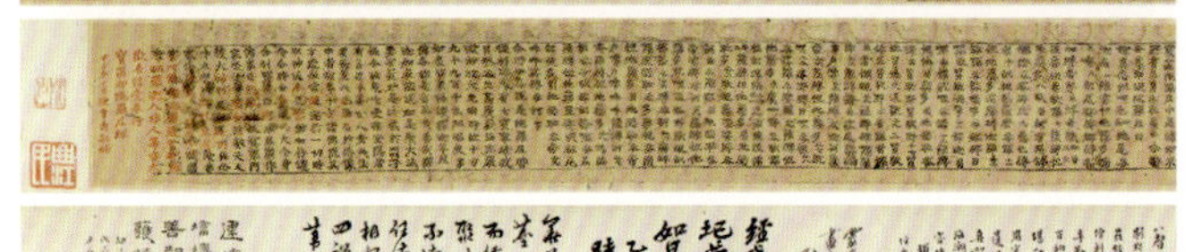

0295 一切如来心秘密全身舍利宝箧印陀罗尼经一卷

宋开宝八年（975）吴越国王钱俶刻本（五代刻本）

纸本 1 轴

钤印：光黼、玉台家世、简吟榭、袁恩永印、蠲戏老人、寿、太夷等

尺寸：7.5 × 209cm

估价：RMB320,000–380,000

成交价：RMB6,384,000

2010–12–1 北京保利

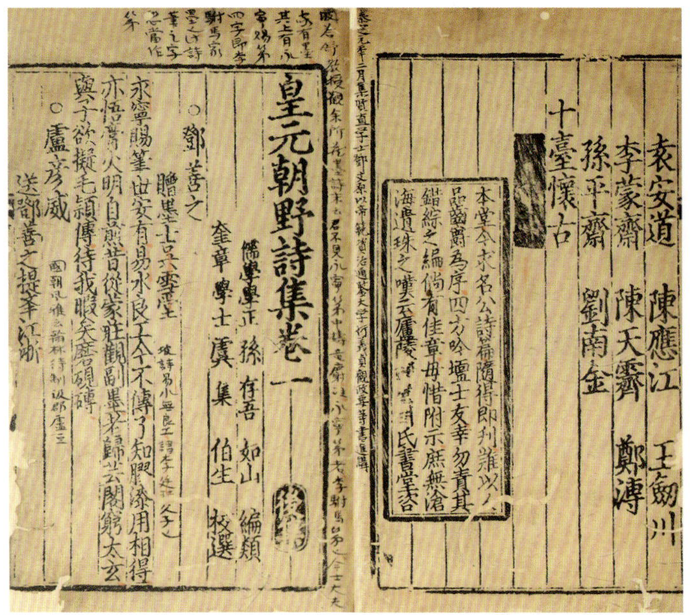

皇元朝野詩集卷一
儒學正 孫存吾 如山 編類
奎章學士 虞集 伯生 校選
鄧善之

4388 孙存吾编类 虞集校选 《皇元朝野诗集》六卷（一册）

纸本 元至元二年（1336）刻本

钤印：海宁杨芸士藏书印、刘氏图书、缪荃孙藏、云轮阁、陆氏筠岩之印

尺寸：10.6 × 17.5cm

估价：RMB1,200,000–1,500,000

成交价：RMB1,512,000

2010–11–23 中国嘉德

2209 吕祖谦撰 详注《东莱先生左氏博议》廿五卷

明嘉靖间刻本 8 册

钤印：乾隆御览之宝、天禄继鉴、五福五代堂宝、八征耄念之宝、太上皇帝之宝、天禄琳琅

尺寸：9.5×13.8cm

估价：RMB1,800,000-2,600,000

成交价：RMB4,144,000

2010-5-15 中国嘉德

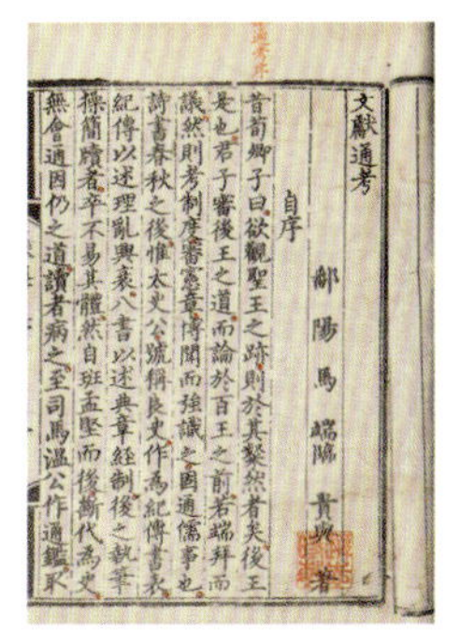

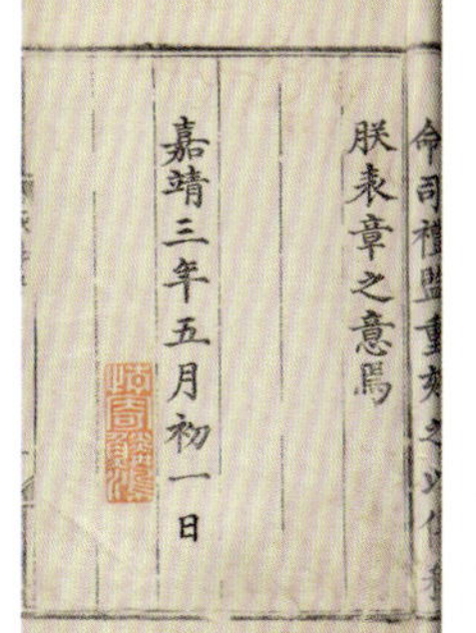

朕表章之意焉

嘉靖三年五月初一日

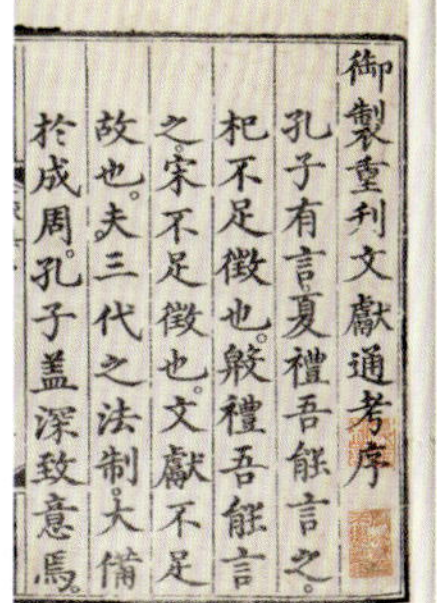

御製重刊文獻通考序

孔子有言夏禮吾能言之杞不足徵也殷禮吾能言之宋不足徵也文獻不足故也夫三代之法制大備於成周孔子蓋深致意焉

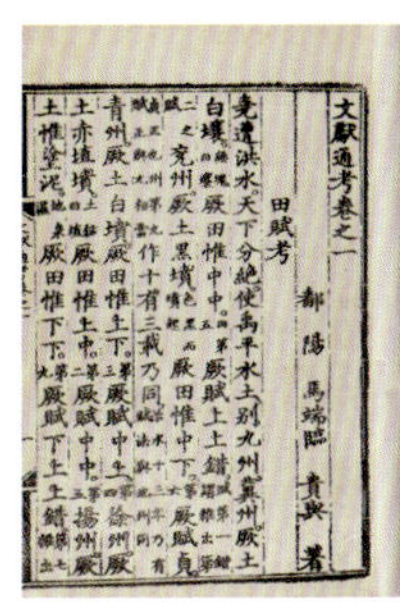

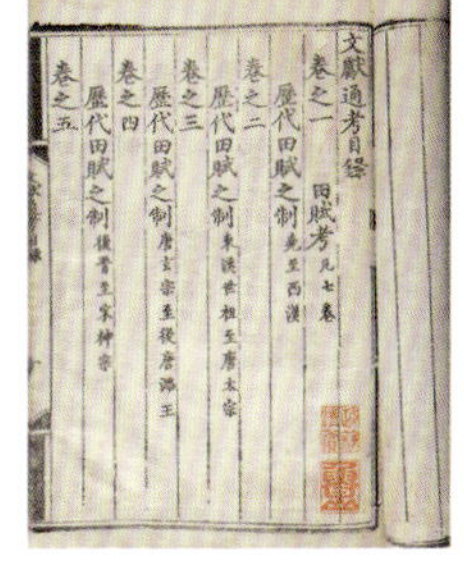

1131 元马端临撰 《文献通考》三百四十八卷

明嘉靖三年（1524）司礼监刻本

20 函 120 册 白棉纸

尺寸：29×19cm

估价：RMB800,000-900,000

成交价：RMB1,456,000

2010-6-2 北京保利

2317 明 李梦阳撰《空同集》六十三卷

明嘉靖刻本 白棉纸 线装 四函三十四册

尺寸：18.4×14cm

估价：RMB410,000-680,000

成交价：RMB1,008,000

2010-6-6 北京翰海

0411 宋 朱熹等撰 《资治通鉴纲目》全书一百一十一卷末一卷

明万历二十八年（1600）苏州知府朱燮元刻本

16 夹 106 册

钤印：静安堂戴、贮在浦子山处

尺寸：22.1×15.5cm

估价：RMB1,800,000-2,200,000

成交价：RMB3,584,000

2010-12-11 杭州西泠

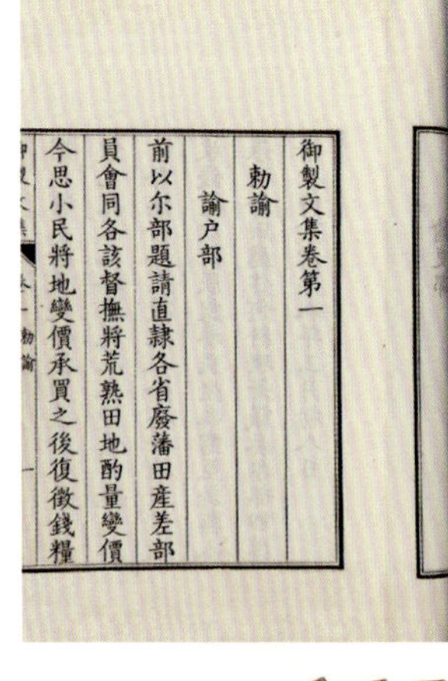

御製文集卷第一

勅諭

諭戶部

前以尔部題請直隸各省廢藩田產差部

員會同各該督撫將荒熟田地酌量變價

今思小民將地變價承買之後復徵錢糧

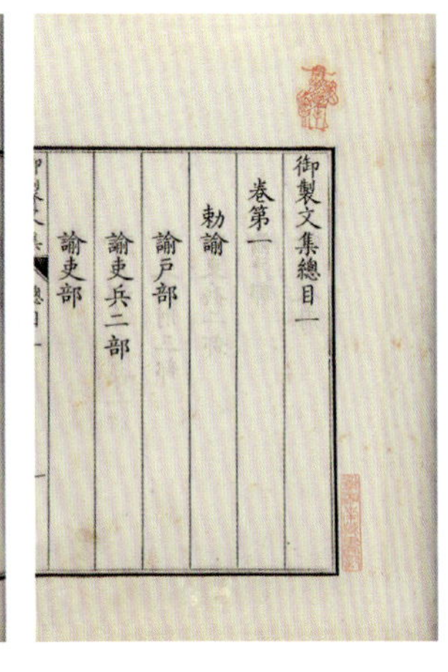

御製文集總目一

卷第一

勅諭

諭戶部

諭吏兵二部

諭吏部

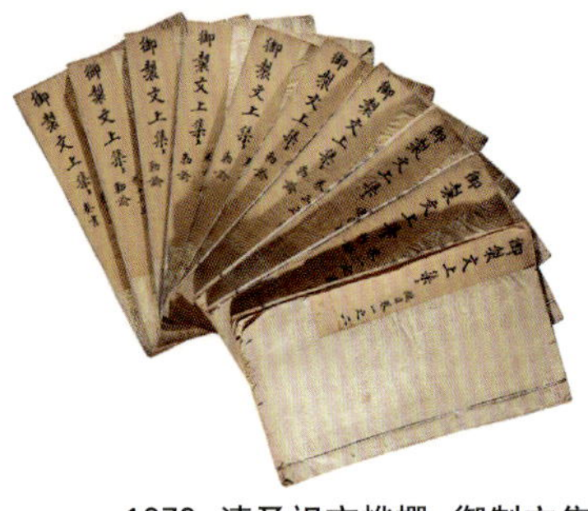

1079 清圣祖玄烨撰 御制文集四十卷总目五卷二集五十卷总目六卷三集五十卷总目六卷

清康熙五十三年（1714）内府刻本

56 册 开化纸

钤印：衡湘南藏书记等

尺寸：27.5×17.5cm

估价：RMB300,000-350,000

成交价：RMB1,792,000

2010-6-2 北京保利

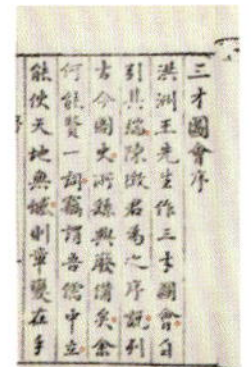

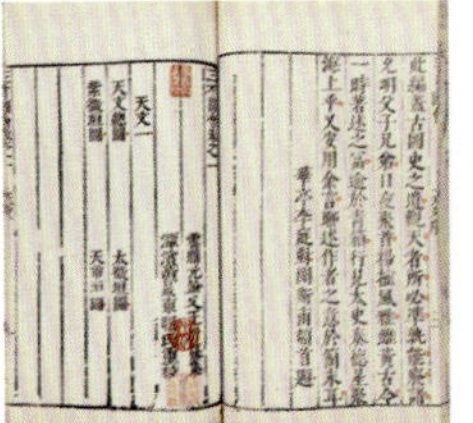

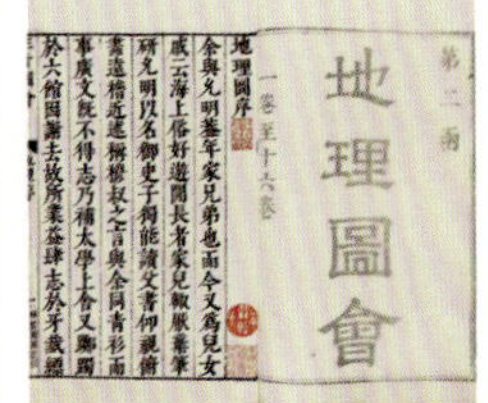

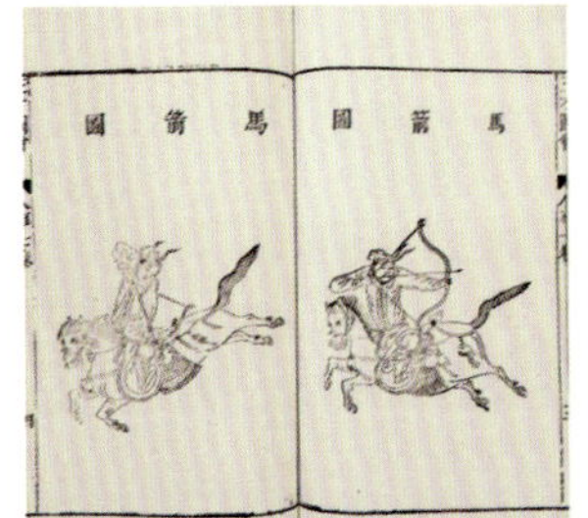

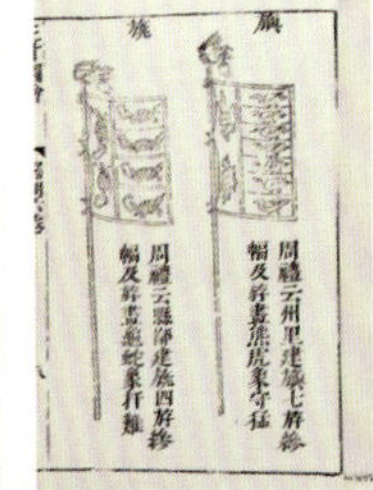

0370 王圻撰 《三才图绘》一百六卷

明万历三十七年（1609）刻本

16 函 106 册 白棉纸

钤印：家在白云深处、胡元仪印、子威、毂贻学子、南阳宛氏颖斋居士珍藏

尺寸：26.1×16.2cm

估价：RMB2,000,000-2,200,000

成交价：RMB4,480,000

2010-12-1 北京保利

1228 明 沈璟 重校《十无端巧合红蕖记》

竹纸线装 二册一函

尺寸：28×17cm

估价：RMB100,000-200,000

成交价：RMB985,600

2010-12-17 上海朵云轩

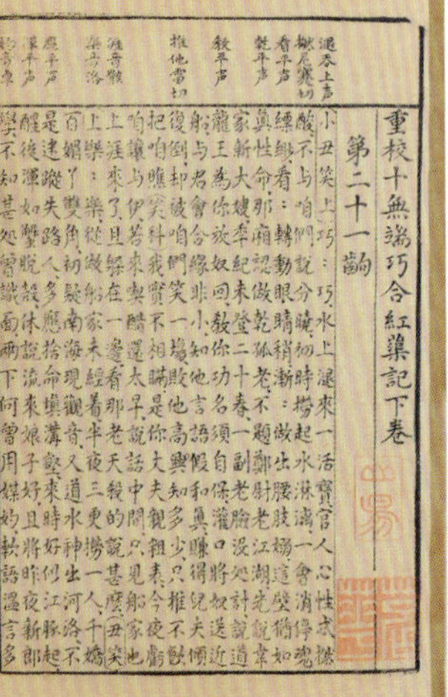

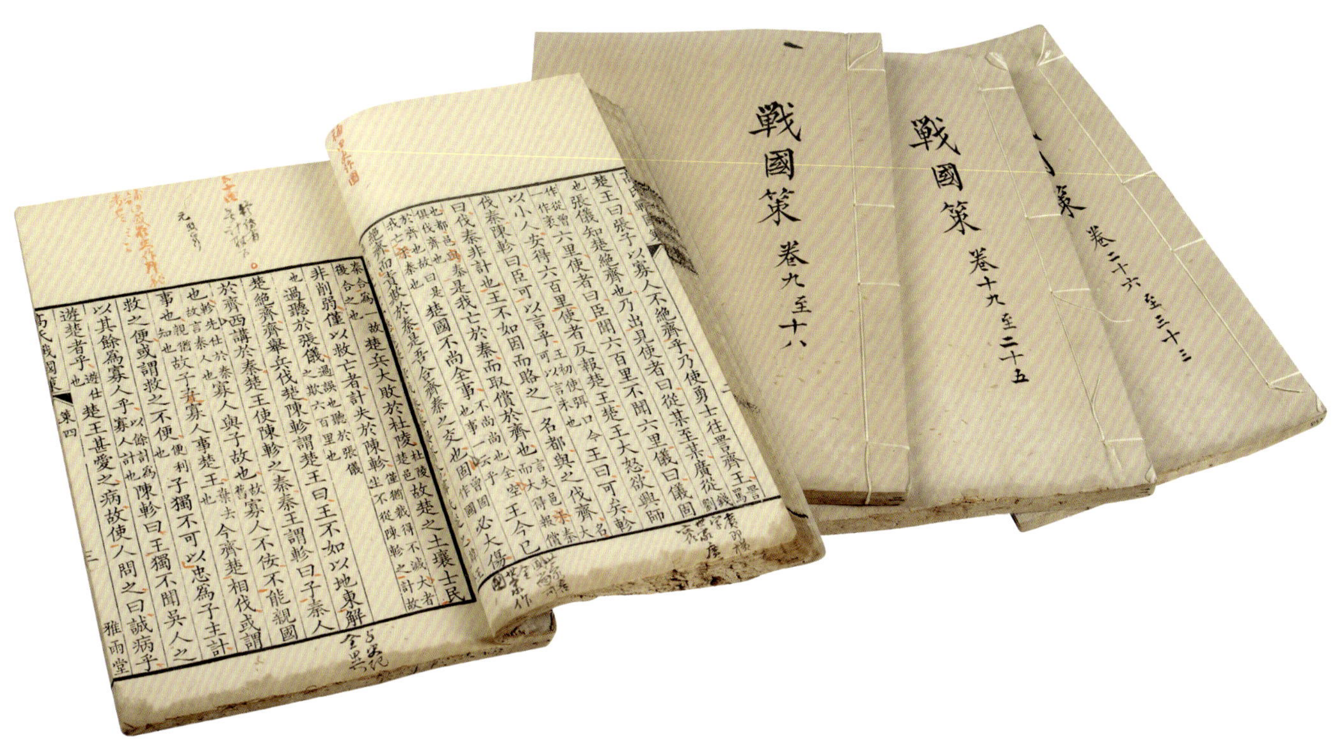

0386 汉 高诱注《战国策》三十三卷
清乾隆二十一年（1756）雅雨堂精写刻顾广圻批校本
1 函 4 册 纸本
钤印：思适斋、顾涧苹手校
尺寸：18.5×14.3cm
估价：RMB200,000-500,000
成交价：RMB8,008,000
2010-12-11 杭州西泠

2280 钦定协纪辨方书三十六卷
清乾隆内府刻本 太史连纸 线装 十五册
尺寸：20.6×14.5cm
估价：RMB1,200,000-1,400,000
成交价：RMB1,344,000
2010-6-6 北京翰海

0395 元 陶宗仪撰《南村辍耕录》三十卷
清初汲古阁抄本 1 函 8 册 纸本
钤印：供舍利室鉴藏书画印、毛晋之印、汲古主人
尺寸：19.6×13.8cm
估价：RMB1,200,000-1,500,000
成交价：RMB1,568,000
2010-12-11 杭州西泠

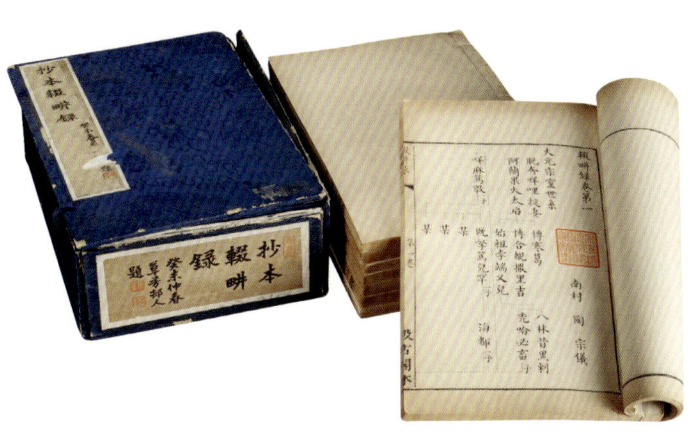

4457 朱国祚撰书 先太傅文恪公册立光宗仪注稿（一卷）
纸本 明万历二十九年（1601）手稿本
尺寸：737×29cm
估价：RMB800,000–1,200,000
成交价：RMB2,128,000
2010–11–23 中国嘉德

0377 明 吕柟撰《历代史约》
清精抄本 4 函 32 册 纸本
钤印：敦厚堂印
尺寸：25.9×20cm
估价：RMB560,000–700,000
成交价：RMB840,000
2010–12–11 杭州西泠

4574 陈介祺辑 十钟山房印举（十函六十册）
纸本 清光绪九年（1883）钤印本
尺寸：13.6×7.4cm
估价：RMB800,000–1,200,000
成交价：RMB1,792,000
2010–11–23 中国嘉德

2681 清康熙 《圣如来七愿差异大乘经》、《药师鎏璃光七佛本愿功德经》
尺寸：38.5×12×11.5cm
估价：RMB1,800,000–2,800,000
成交价：RMB2,016,000
2010–7–17 中贸圣佳

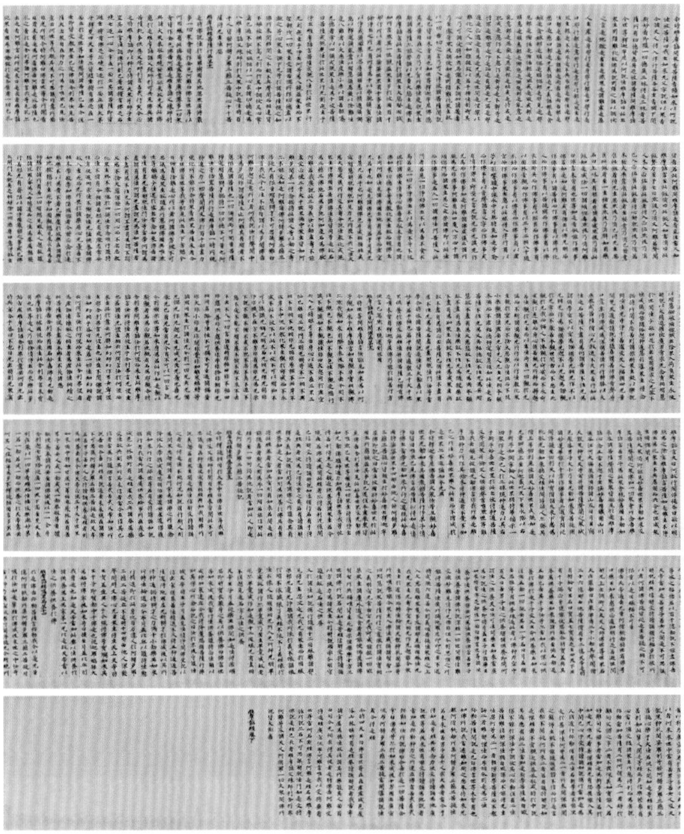

0662 《维摩诘经》卷下

唐初写本 麻纸 裱手卷 一卷

尺寸：首残尾全，每纸28或29行不等，行17字，乌丝栏，

栏高19.5，总14纸半，每纸宽48.7cm，高24.5cm

估价：RMB1,000,000-1,500,000

成交价：RMB1,344,000

2010-12-10 北京翰海

0660 《般若波罗蜜放光经卷》第二十

唐七世纪写本

首残尾全 麻纸 卷装

尺寸：全卷共15纸，每纸28行，行17字，乌丝栏。

纸高25cm，栏高19.4cm，纸幅宽49cm

估价：RMB1,500,000-2,000,000

成交价：RMB1,568,000

2010-12-10 北京翰海

0661 《大通方广经》中卷 唐成亨四年门下省群书吴劭平写永兴县开国公虞昶监

首残尾全 麻纸 卷装

尺寸：全卷12纸，每纸28行，行17字，乌丝栏，栏高20cm，每纸宽46.2cm，高25.9cm

估价：RMB3,000,000-5,000,000

成交价：RMB3,024,000

2010-12-10 北京翰海

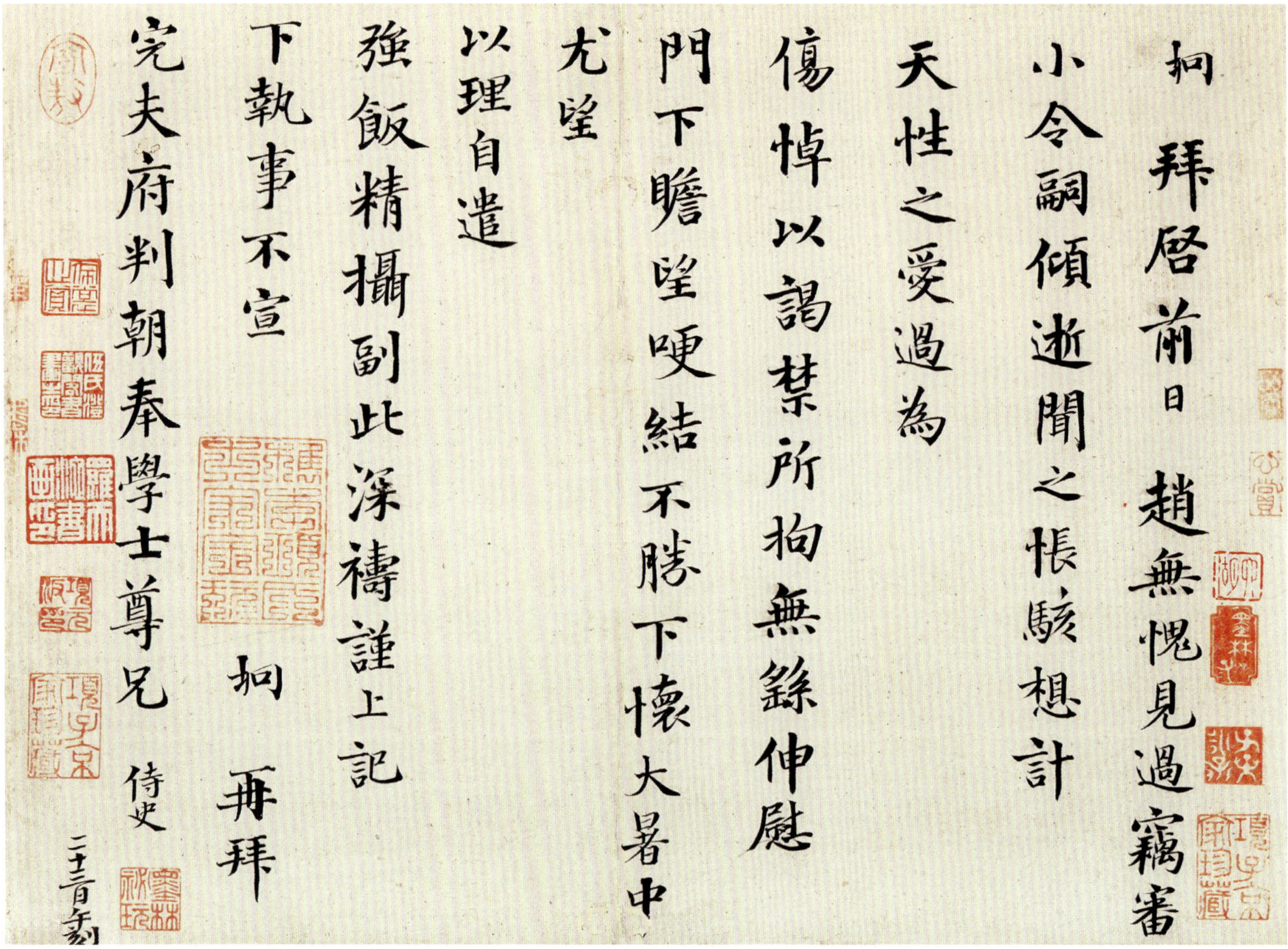

坰拜啓前日趙無愧見過竊審
小令嗣傾逝聞之悵駭想計
天性之愛過為
傷悼以謁禁所拘無繇伸慰
門下瞻望哽結不勝下懷大暑中
尤望
以理自遣
強飯精攝副此深禱謹上記
下執事不宣 坰再拜
完夫府判朝奉學士尊兄 侍史

0151 北宋 唐坰 致胡宗愈伸慰帖页
尺寸：27.7×36.8cm
估价：RMB200,000-200,000
成交价：RMB91,280,000
2010-12-10 上海道明

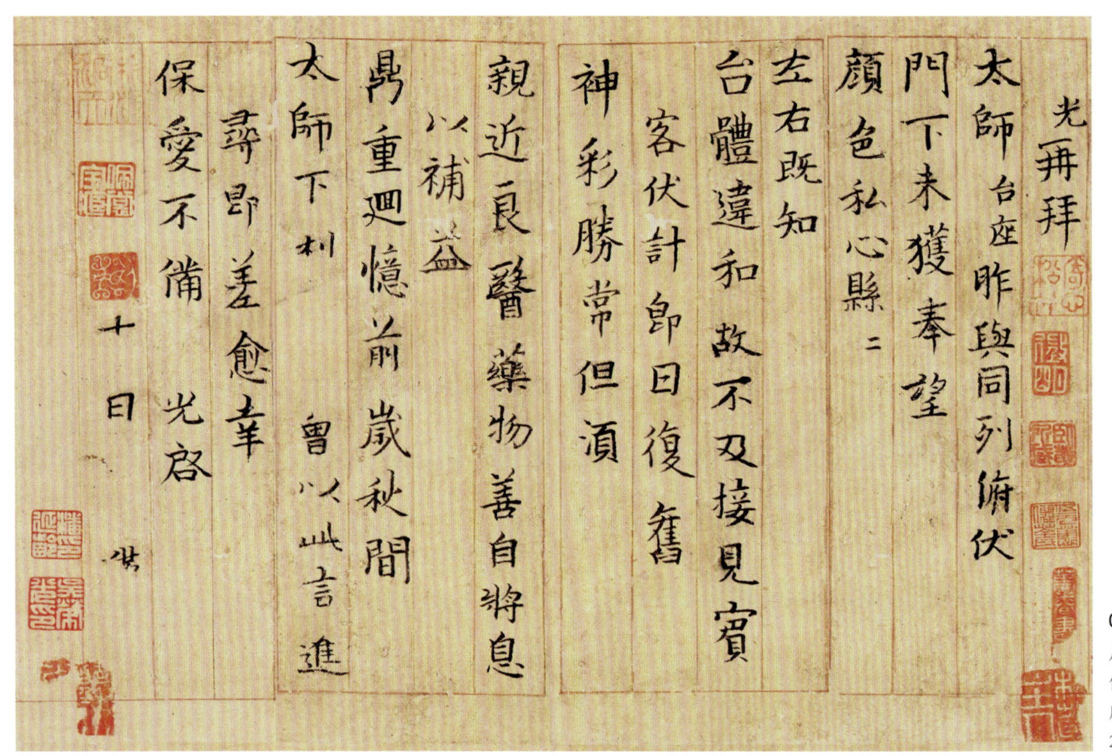
光再拜
太師台座昨與同列俯伏
門下未獲奉望
顏色私心懸懸
左右既知
台體違和故不及接見賓
客伏計即日復舊
神彩勝常但須
親近良醫藥物善自將息
以補益
禺重迴憶前歲秋間
太師下剌曾以此言進
尋即差愈幸
保愛不備 光啓
十日

0152 北宋 司马光 神采帖页
尺寸：22.9×32cm
估价：RMB200,000-200,000
成交价：RMB5,600,000
2010-12-10 上海道明

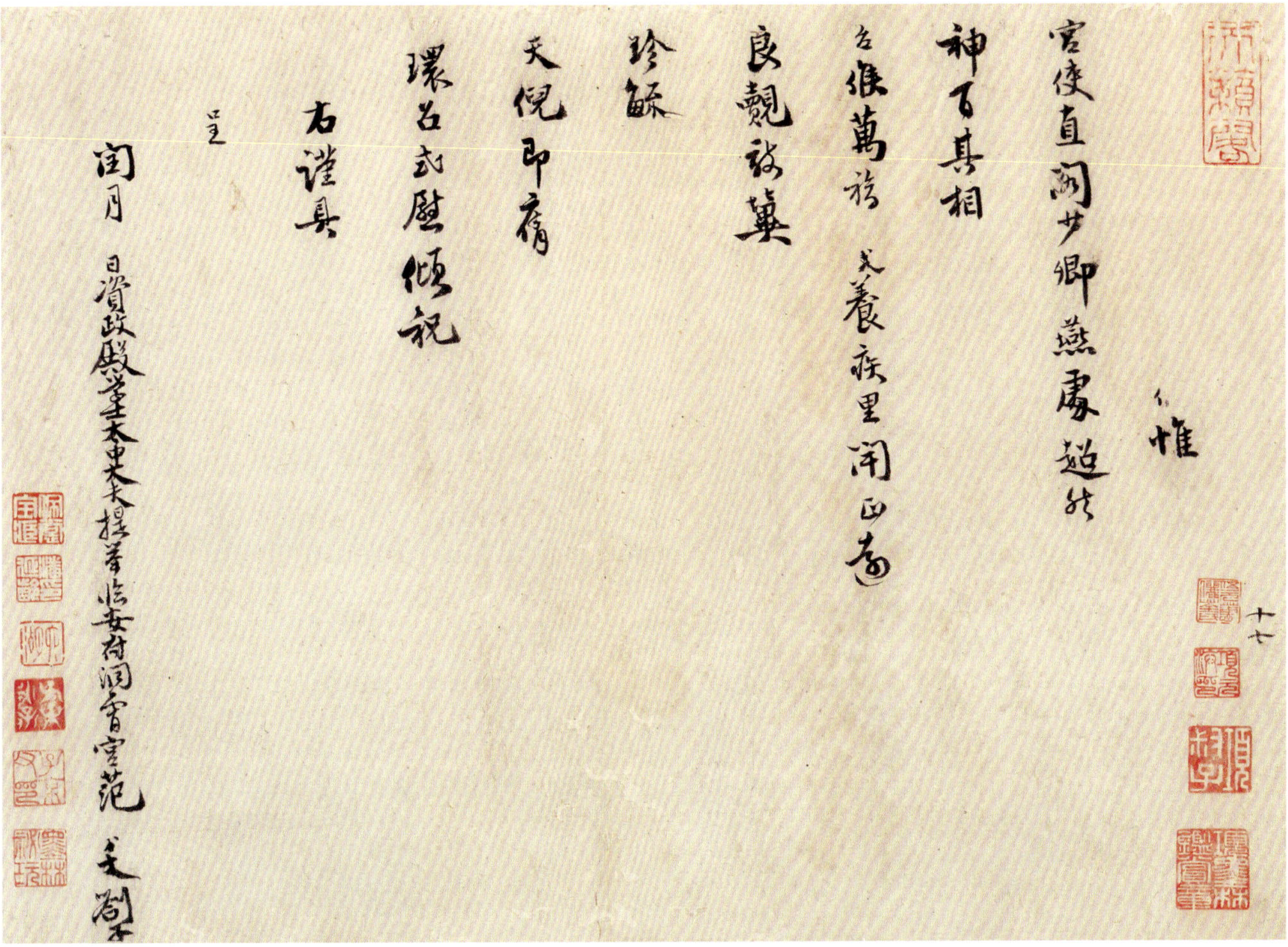

0153 南宋 范成大 超然帖页

尺寸：30.7×42.4cm

估价：RMB200,000-200,000

成交价：RMB56,560,000

2010-12-10 上海道明

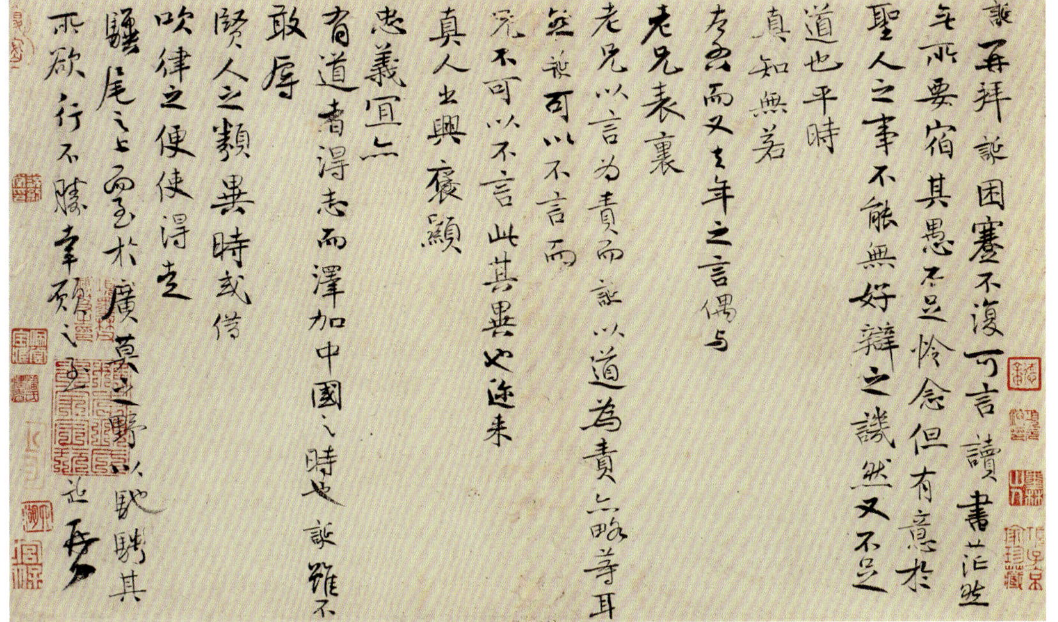

0154 南宋 诞 真知帖页

尺寸：27.7×48.7cm

估价：RMB200,000-200,000

成交价：RMB8,064,000

2010-12-10 上海道明

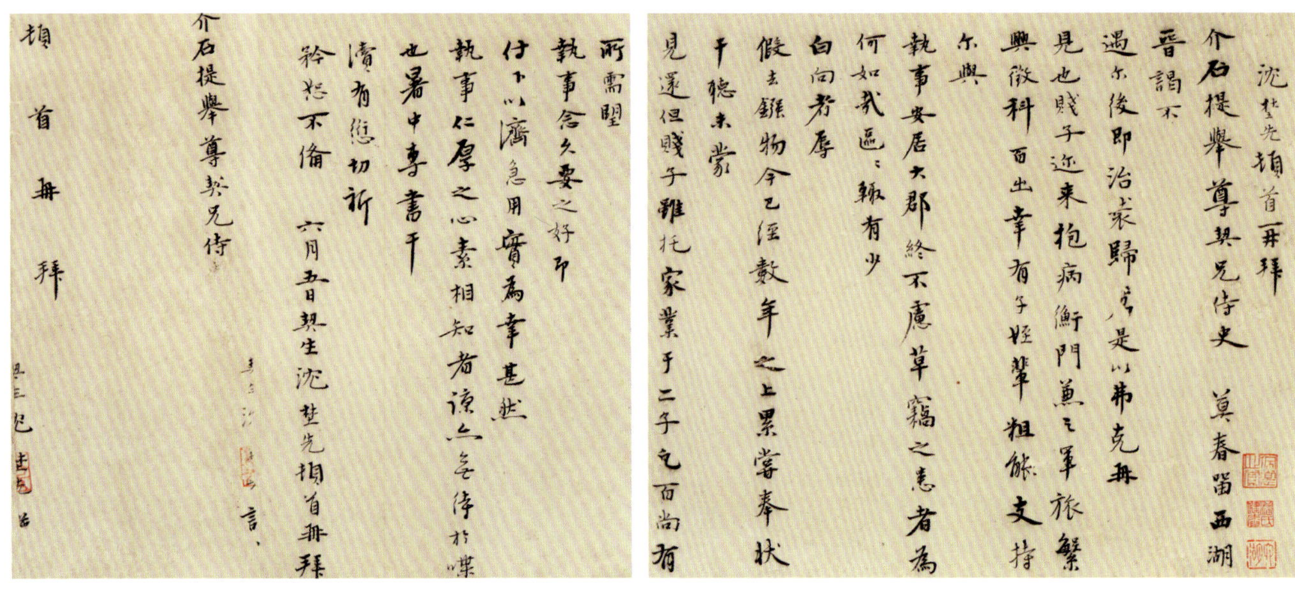

0158 元 沈埜先 奉状帖页

钤印：埜先（该印因装裱时错置而一分为二）

尺寸：27.5×30.6cm；27.7×30.4cm

估价：RMB100,000-100,000

成交价：RMB4,032,000

2010-12-10 上海道明

0157 元 明初 张枢 万里江山帖页 暨、永复 拜记

尺寸：张枢 29.6×32.3cm；29.6×15.7cm；永复 26.1×20.4cm

估价：RMB 100,000-100,000

成交价：RMB25,200,000

2010-12-10 上海道明

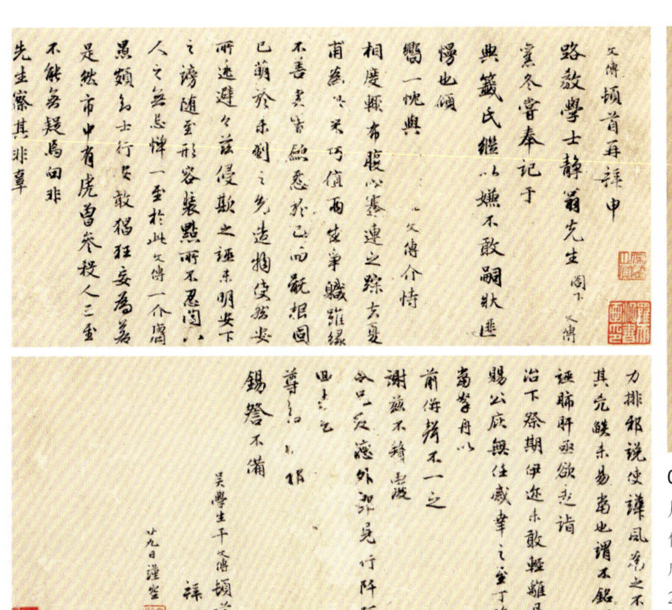

0155 元 干文传 铭佩帖页
尺寸：19.3×39.1cm；19.1×41.4cm
估价：RMB100,000-100,000
成交价：RMB1,848,000
2010-12-10 上海道明

0159 元 张翥 王师大举帖页
尺寸：29.5×42.6cm
估价：RMB50,000-50,000
成交价：RMB4,872,000
2010-12-10 上海道明

0160 元末明初 俞和 云锦帖页
钤印：紫芝生、长
尺寸：26×41.6cm
估价：RMB50,000-50,000
成交价：RMB2,464,000
2010-12-10 上海道明

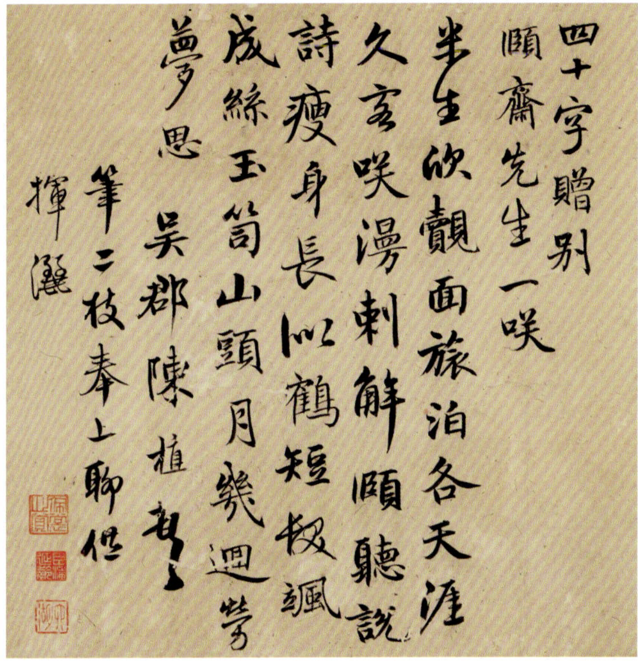

0162 明初 陈植 旅泊帖页
尺寸：28.1×27.7cm
估价：RMB50,000-50,000
成交价：RMB1,904,000
2010-12-10 上海道明

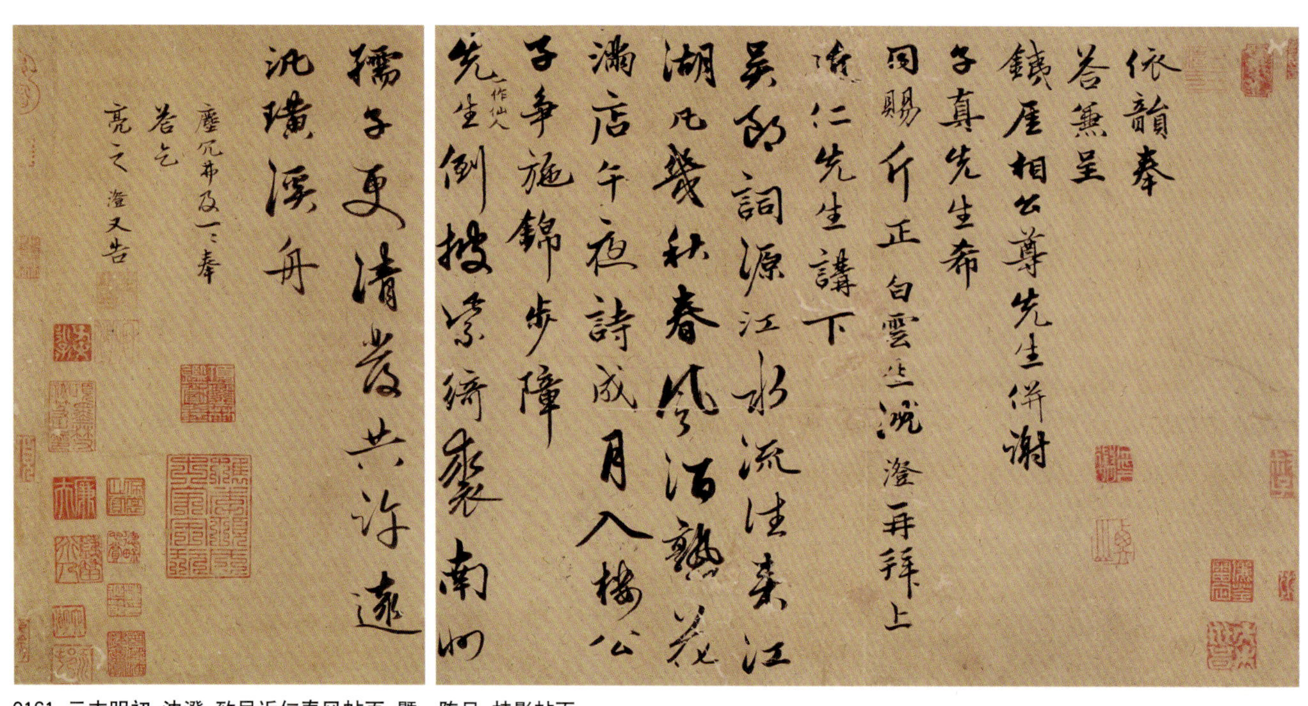

0161 元末明初 沈澄 致吴近仁春风帖页 暨、陈旦 桂影帖页

钤印：乾坤清气、沈澄之印、秋渊

尺寸：沈澄 29.7×37.3cm；29.7×18.1cm；陈旦 32.2×14.6cm

估价：RMB50,000-50,000

成交价：RMB25,200,000

2010-12-10 上海道明

0163 明初 王璲 征蓬帖页

钤印：汝玉、另有一印不可辨

尺寸：25.6×37.5cm

估价：RMB50,000-50,000

成交价：RMB1,792,000

2010-12-10 上海道明

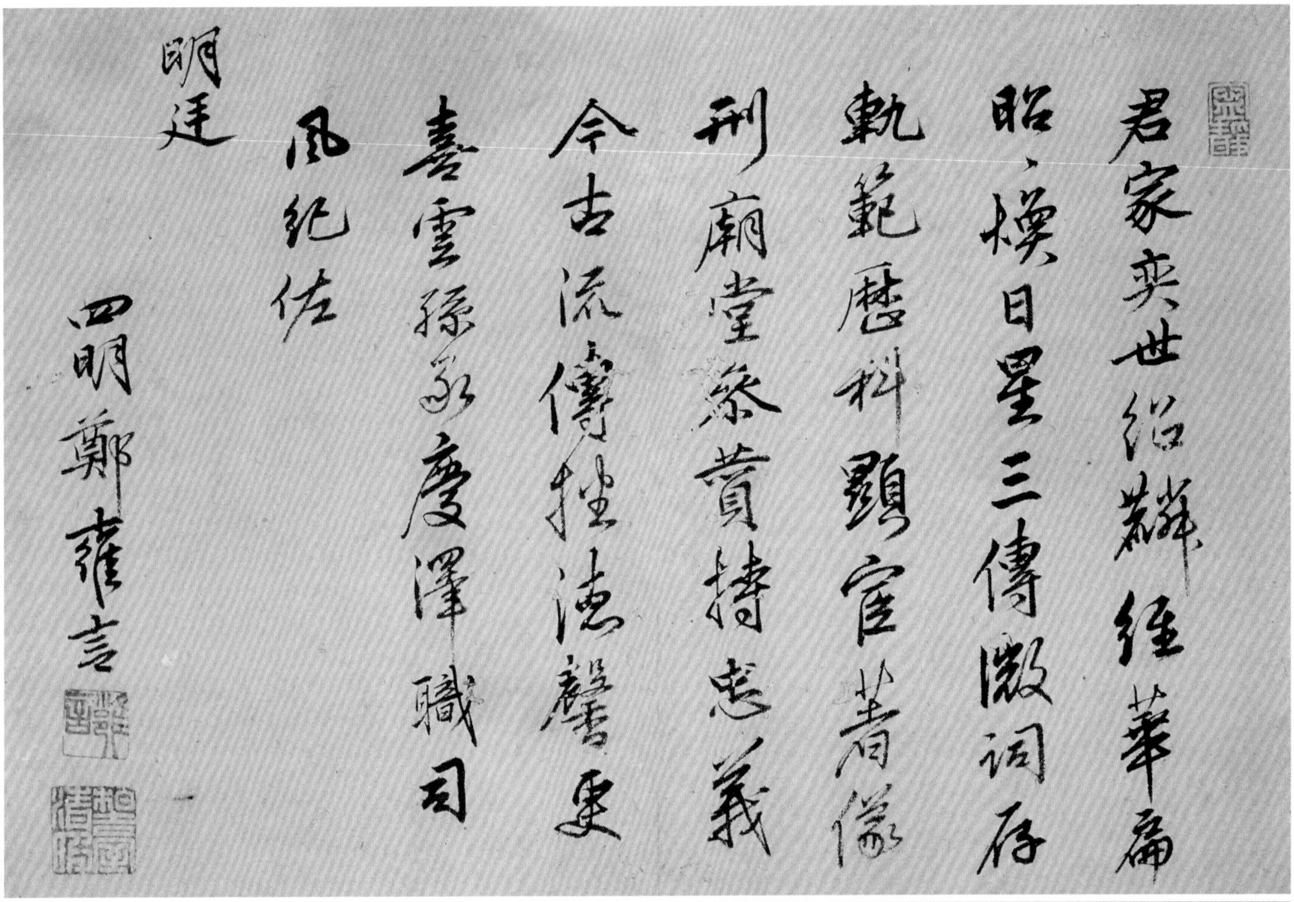

0164 明初 郑雍言 昭焕帖页

钤印：雍言、柏吉室清暇、宁静

尺寸：29.2×39.5cm

估价：RMB30,000-30,000

成交价：RMB2,016,000

2010-12-10 上海道明

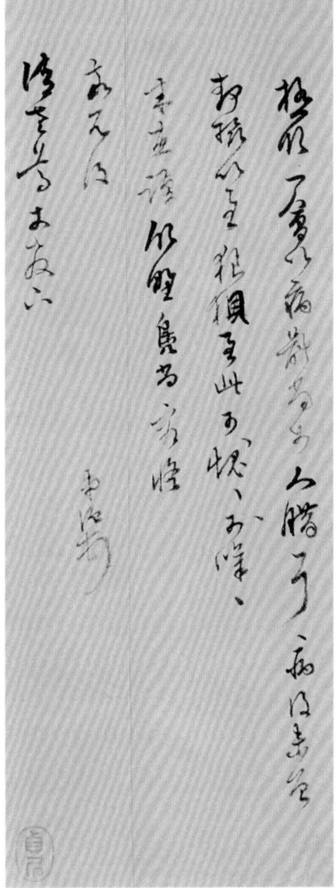

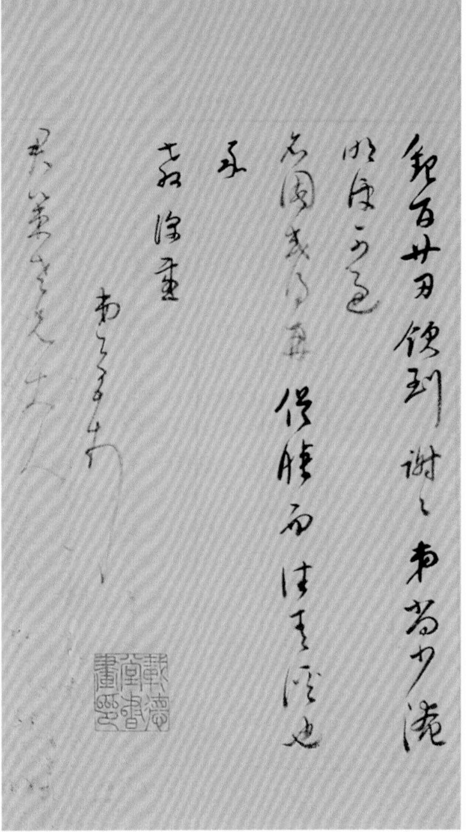

4325 莫是龙等撰书 明清名家简牍（四册共一百二十一开）

纸本 明清手稿本

钤印：陈佑昆鉴定、东海陈氏家藏、载德堂书画印、沈梧审定、紫珊、徐渭仁印、之谦审定、魏印锡曾

尺寸：尺寸不一

估价：RMB800,000-1,200,000

成交价：RMB1,232,000

2010-11-23 中国嘉德

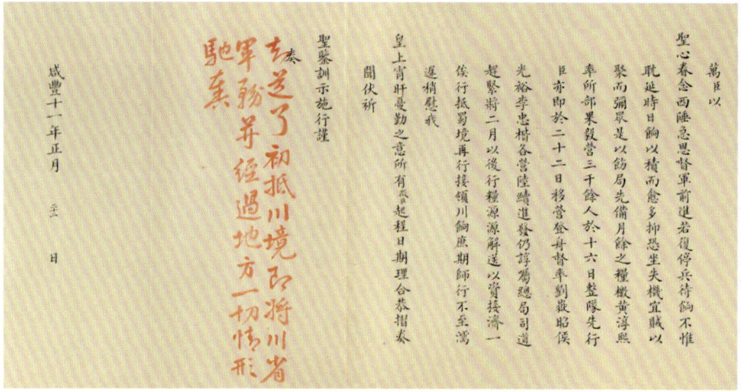

萬臣以
聖心眷念西陲急思督軍前進若復停兵待餉不惟
耽延時日餉以積而愈多抑恐坐失機宜賊以
聚而彌衆是以飭局先備月餘之糧檄黄淳熙
率所部果毅營三千餘人於十六日整隊先行
臣亦即於二十二日移營登舟督率劉嶽昭侯
光裕李忠楷各營陸續進發仍諄飭總局司道
趕緊將二月以後行糧源源解送以資接濟一
俟行抵蜀境再行接領川餉庶期師行不至濡
遲稍慰我
皇上宵旰憂勤之意所有臣起程日期理合恭摺奏
聞伏祈
聖鑒訓示施行謹
奏
知道了 初抵川境即將川省軍務并經過地方一切情形馳奏
咸豐十一年正月 日

4460 骆秉章撰书 骆秉章奏折（八十一本）

纸本 清咸丰十一年（1861）写本

尺寸：9.7×12.3cm

估价：RMB200,000-300,000

成交价：RMB1,456,000

2010-11-23 中国嘉德

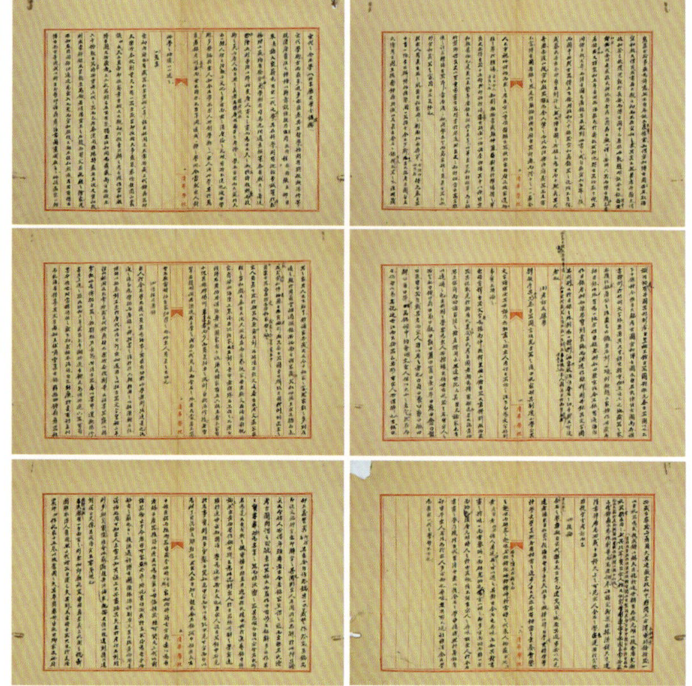

1042 王国维 《宋代之金石学》手稿

1926 年 11 月下旬在北京大学历史学会所作讲演手稿

纸本 六页

尺寸： 29×42cm×6

估价：RMB280,000-360,000

成交价：RMB1,232,000

2010-7-4 杭州西泠

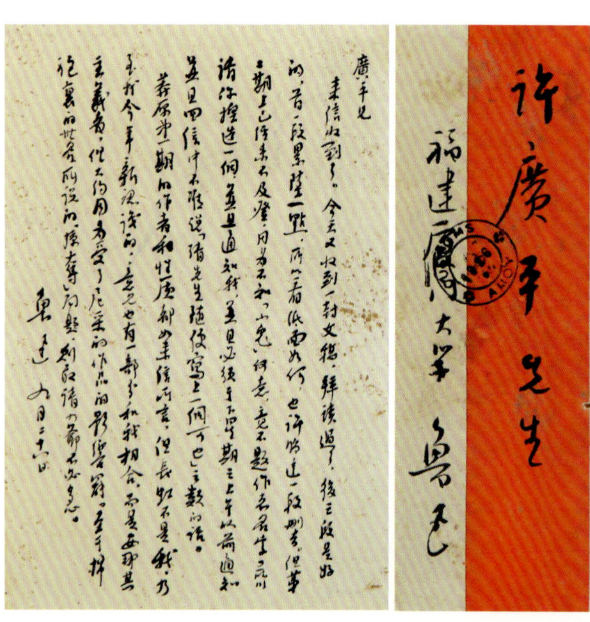

1062 鲁迅 致许广平信札

纸本

尺寸：26.5×17.5cm

估价：RMB20,000-40,000

成交价：RMB291,200

2010-7-4 杭州西泠

1070 孙中山 致日本前首相田中义一密信（二通）

纸本 立轴

尺寸：信 23×13cm；信封 20×17cm；信 25×34.5cm；信封 18×6cm；27×19cm；23.5×17cm

估价：RMB800,000-1,200,000

成交价：RMB1,568,000

2010-7-4 杭州西泠

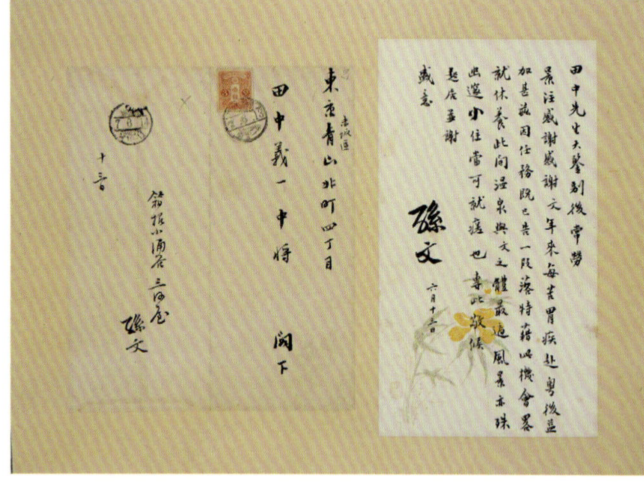

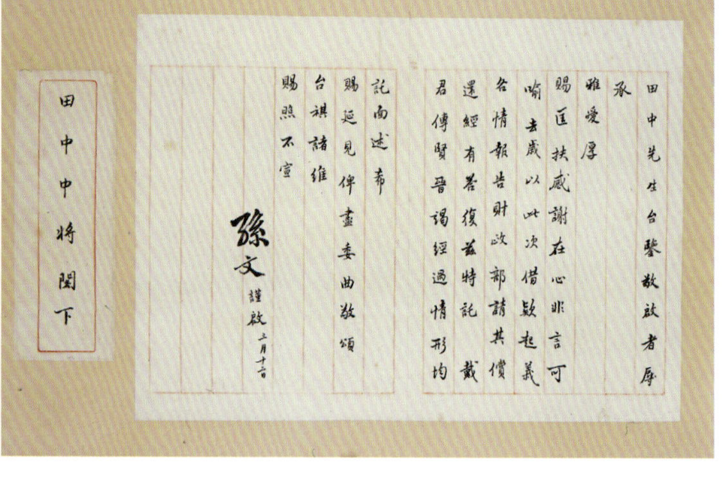

田中中將閣下

0157 李叔同、汤国梨、郑宗海楷书王粲《登楼赋》 行书信札

镜心（四帧）信札三通（三页） 纸本
钤印：息；晓沧、郑宗海印
尺寸：镜片 66.5×32.5cm×4；信札 23×13cm；23×12cm；24×24cm
估价：RMB300,000–500,000
成交价：RMB1,848,000
2010–12–11 杭州西泠

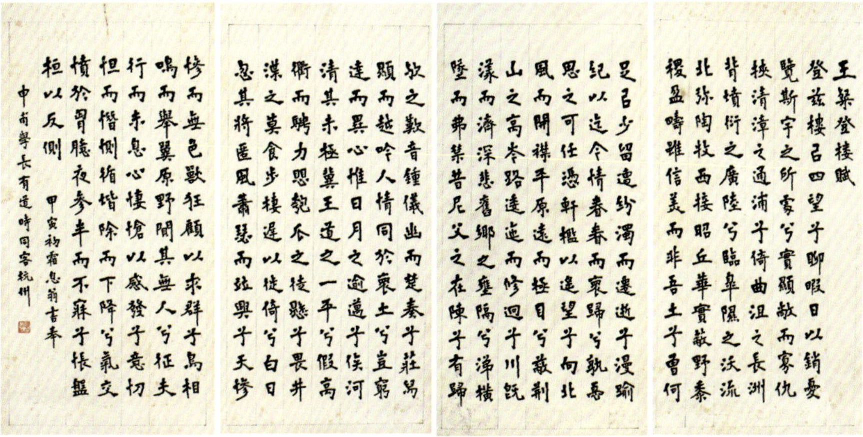

4393 周作人撰 周作人文稿（一册）

纸本 民国间手稿本
钤印：知堂五十五以后所作、知堂老人
尺寸：14.8×20.4cm
估价：RMB180,000–280,000
成交价：RMB3,584,000
2010–11–23 中国嘉德

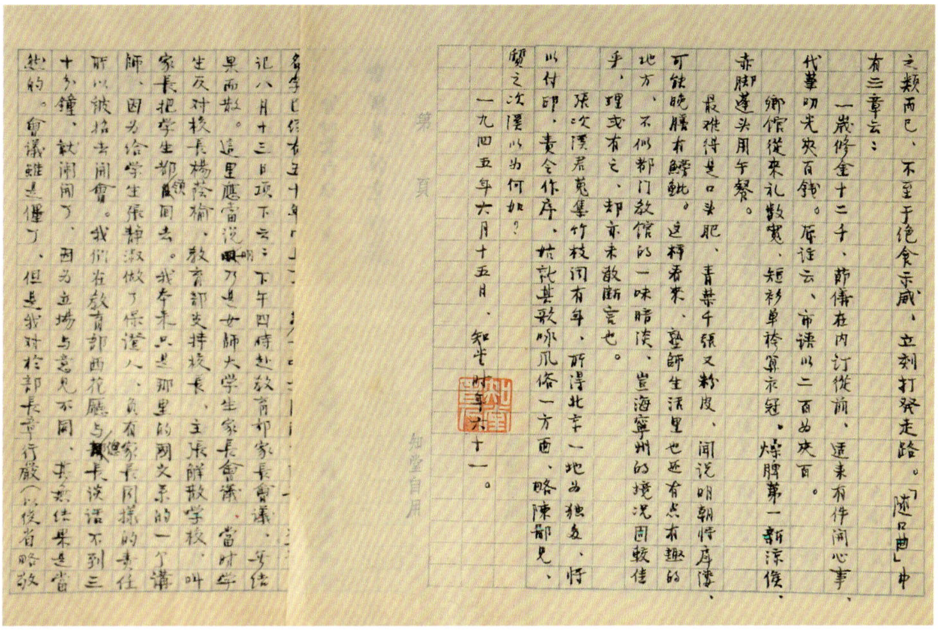

0027 傅雷 信札

镜心（三开） 水墨纸本
尺寸：27×18cm×3
估价：RMB600,000–800,000
成交价：RMB1,344,000
2010–11–24 北京传是

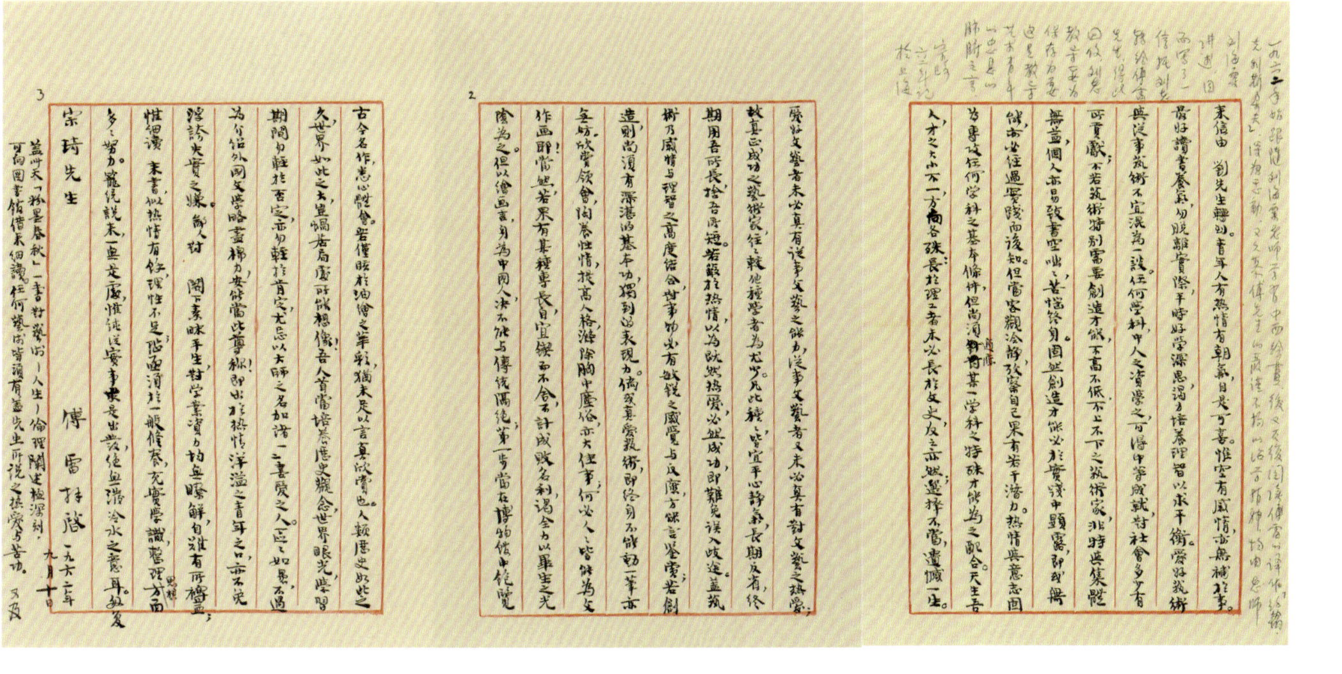

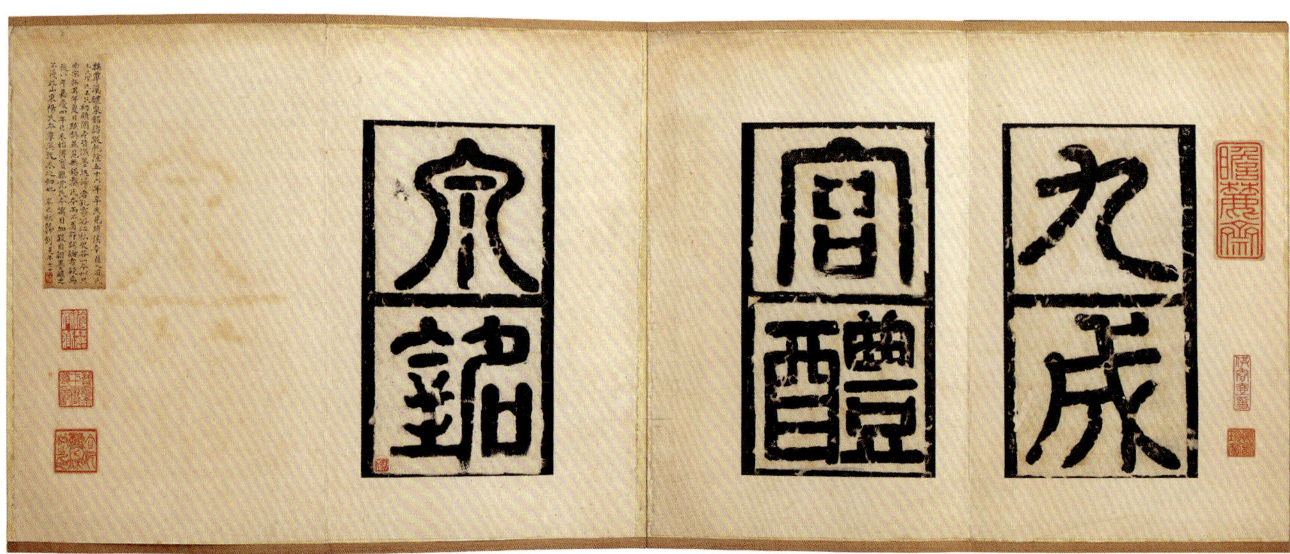

2417 北宋 宋拓《九成宫醴泉铭》

尺寸：36.9×22.4×4.6cm

估价：RMB800,000–1,000,000

成交价：RMB3,696,000

2010–5–16 中国嘉德

2347 宋拓《兰亭序》

钤印：石渠宝笈、宝笈三编、天赖阁

尺寸：27×13.2cm

估价：RMB12,000,000–15,000,000

成交价：RMB16,800,000

2010–12–11 北京翰海

2578 土陶瓶茅台酒
估价：RMB250,000-500,000
成交价：RMB1,456,000
2010-12-13 杭州西泠

0074 葵花茅台酒（两瓶）
估价：RMB10,000-15,000
成交价：RMB638,400
2010-6-21 北京长风

0172 茅台（一瓶）
估价：RMB30,000-50,000
成交价：RMB1,803,200
2011-1-20 北京长风

0164 地方国营茅台（一瓶）
估价：RMB50,000-80,000
成交价：RMB616,000
2011-1-20 北京长风

1409 贵州茅台酒（车轮牌）
估价：RMB120,000-120,000
成交价：RMB1,030,400
2010-6-19 北京歌德

0564 贵州茅台酒（五星牌）
估价：RMB220,000-220,000
成交价：RMB784,000
2010-11-19 北京歌德

0704 贵州茅台酒（五星牌）
估价：RMB220,000-220,000
成交价：RMB616,000
2010-11-19 北京歌德

1455 1958 年五星牌贵州茅台酒
估价：RMB350,000-380,000
成交价：RMB1,120,000
2010-12-2 北京保利

0175 地方国营茅台（一瓶）
估价：RMB60,000-80,000
成交价：RMB1,344,000
2011-1-20 北京长风